Financial Risks
Survive And Benefit From The Uncertainty of Crisis

金融的风险

在危机的不确定性中生存并获益

贺江兵/著

中华工商联合出版社

图书在版编目（CIP）数据

金融的风险：在危机的不确定性中生存并获益 / 贺江兵著 . -- 2 版 . -- 北京：中华工商联合出版社，2020.5

ISBN 978-7-5158-2175-7

Ⅰ . ①金… Ⅱ . ①贺… Ⅲ . ①金融学 Ⅳ . ① F830

中国版本图书馆 CIP 数据核字（2020）第 038968 号

金融的风险：在危机的不确定性中生存并获益

Financial Risks：Survive And Benefit From The Uncertainty of Crisis

作　　者：	贺江兵
出 品 人：	李　梁
图书策划：	于建廷
责任编辑：	于建廷　臧赞杰
装帧设计：	周　源
责任审读：	傅德华
责任印制：	迈致红
出版发行：	中华工商联合出版社有限责任公司
印　　刷：	唐山富达印务有限公司
版　　次：	2020 年 7 月第 2 版
印　　次：	2020 年 7 月第 1 次印刷
开　　本：	710mm×1000 mm　1/16
字　　数：	240 千字
印　　张：	16
书　　号：	ISBN 978-7-5158-2175-7
定　　价：	59.00 元

服务热线：010-58301130-0（前台）
销售热线：010-58301132（发行部）
　　　　　010-58302977（网络部）
　　　　　010-58302837（馆配部）
　　　　　010-58302813（团购部）
地址邮编：北京市西城区西环广场 A 座
　　　　　19-20 层，100044
http://www.chgslcbs.cn
投稿热线：010-58302907（总编室）
投稿邮箱：1621239583@qq.com

现代社会金融的重要性被越来越多的人认识到，然而，由于金融有极其特殊的专业性和独特性，又让人望而生畏，似懂非懂的各类大咖经常让错误的观念深入人心甚至造成严重的后果。借此机会，跟读者朋友们谈谈如何进行财经、金融预测分析、如何识别与规避金融风险等。

首先，如何进行精准的财经、金融预测。对金融发展进行预测、对相关财税货币政策走向进行预判与建议是经济学和金融学一部分，也是难度最高的部分，国内一些专家学者在这方面屡屡出错，有的甚至没对过，对于普通大众来说做到这些更是艰难。因为没有对过，这些专家学者肯定不能给大众正确的预测模型，始终他们至死不知道自己出错的原因。这涉及学识水平、对决策者环境与系统等诸多领域的了解，这里摘录一段我在离开财经媒体到金融机构后接受蓝媒汇记者采访时讲的关于预测部分的内容：

"蓝媒汇：从 2007 到 2012 年期间每次货币政策调整你都能提前几天预测到，这是什么原因？你对财经记者有什么建议？

贺江兵：首先，我学的金融是弗里德曼理论，在基层商业银行和央行干过，央行大多是货币主义者，央行前副行长吴晓灵女士更是直言不讳地承认过，我们学的理论都是一样的，这点我占有一定的优势；其次，那时候央行的思路在货币政策上都有暗示，我可能是收集央行货币政策最全的记者，对央行的决策预判和决策依据非常清楚，我在《华夏时报》发表的文章中有提到过。"（2016 年 6 月详见腾讯财经《贺江兵：财经记者不是吃青春饭》）

而那段时间央行货币政策独立性较强，货币政策制定与执行大多能依照自己的判断行事，如果这个前提条件不成立，即便身在央行也很难预测货币政策走向了，这也是其后很少预测与建议货币政策的原因之一。

还有一点至关重要，如果根据原理看到结果反推经济形势，也有很好的验证功效。比如，在 2014 年 11 月本人发表了《P2P 行业的十大风险》（详见本书第三章），而 P2P 集中风险爆发在 2018 年 6 月前后，大面积暴雷。反过来分析，经济下滑在那个时候已经发生了。

另一个思路是发现"同款"建议与思路，然后，顺着当时思路去考察。2014年 5 月，我在报刊上发表过《降准远不及减免税》（详见本书第二章），建议对个税从 7 个档次降低到 3 个，降低税率，不要纠结于起征点。2016 年，特朗普的竞选纲领上几乎"同款"，同样要求将美国个税从 7 个档次降低到 3 个，在一年多后，参众两院合并法案时，将 7 档降低到了 5 档，并未实现到 3 档的特朗普的原始要求，并大幅度降低了税率，对于起征点问题并未进行大肆争论，只是小幅度提高。该文中，我特别推到："将来，财政政策和货币政策必然有以下几个动作：财政、货币政策不变。结果还可以接受。降准，不减免税。属于耍流氓。不降准，减免税。可能是痴人说梦，感谢……降准，减免税。经济可能真不妙了。"同理，根据现在央行的货币政策和财税政策照样可以推论出经济形势。

我曾经收到很多人咨询：如何预测特朗普的政策？自 2018 年初，我没有遗漏过更没错误预测过特朗普的政策，怎么做到的？这个与货币政策预测又有很大不同。这个需要对其信仰、坚守的传统保守主义、美国的体制和行政立法运作机制，还有其核心团队构成、行政运转与协调有详尽的了解，对其所处的环境有设身处地的考虑。最后，需要说明的是，那些自诩为智囊的人如果仅仅把其当作商人、认为其反复无常更是用搞定思维去理解他，将还会一直错下去。什么时候这些人才会不出错呢？等他退休和不玩自媒体了。

当下，各界普遍认识到经济下行压力，这样的情形下，各种风险会聚集，作为一般大众如何避免金融风险？其一，做好金融、经济知识的必要储备，既不能人云亦云又不能逆势而为。其二，对各种投资需要更加谨慎，不去投资自己不懂的行业和领域。其三，非要投资的话，必须要有穿透能力，知道自己的资金最终落脚点是地方融资平台、濒临破产的企业、空壳公司还是空转。其四，保有现金，当然持有必要的美元资产更好，本轮危机中全球出现美元荒，持有美元当然心里不慌了。书中对各种投资风险均有分析建议，不再赘述。

另外，由于本书收录的文章时间跨度较大，涉及较多的政府机构的名称、官员的职务等如今有些出现变动，为了便于读者理解，本书每篇文章都标明了发表时间，提到的政府机构名称、人物职务等均按照文章发表时的称呼，广大读者在阅读时请注意。

最后，感谢中华工商联合出版社各位编务人员和《华夏时报》《新京报》以及各新闻媒体的帮助与支持。祝读者平安、顺利！

贺江兵

2020 年 5 月 23 日

▷▷▶ 目 录 ◀◀◁

第六章

房地产里的
金融江湖

第一章

金融科普

郎咸平的逻辑错误

（2013 年 2 月 21 日）

最近，著名"财务专家"郎咸平发了一条含标点符号在内共 137 字的微博称"中国荣膺 2012 年全世界最大印钞机的桂冠"，炮打统计局、《人民日报》和货币当局，可谓一炮三响。同时，也是一炮三错，郎咸平博文显然存在概念错误、数据不准、结论虽轰动但是错误三大问题。

鉴于众多经济学家和公众对中国式 M2 普遍误读，甚至恶意妖魔化严重，笔者将在《华夏时报》"金融常识系列谈"中分四篇从概念与总量、M2 与 GDP 比重、央行的有限责任、利弊等方面逐一批驳与分析。

本文的基本结论：中国 M2 增长主要靠准货币（各类存款——不含 M1 中的活期存款，下同）增长带动的；中国印钞速度是合适的；中国央行并未滥发货币。

第一错：概念和逻辑错误

郎咸平微博全文是："【中国荣膺 2012 年全世界最大印钞机的桂冠】去年全世界新发行 26 万亿人民币，中国就占了一半。而且中国 GDP 不过占全世界 8%，但却占了全世界货币总量的 27%。为了掩盖烂（应为滥）发货币钞票所引发严重通胀以及沸腾民怨，不但统计局造假，而 26 号《人民日报》还假意谴责其他国家货币放水，完全无视中国才是全世界最大放水国。"

假设郎咸平第一个数据是准确的，即：2012 年全球新发行 26 万亿人民币，那么，中国占一半就是 13 万亿。

郎咸平所称的"中国荣膺 2012 年全世界最大印钞机"显然不是指基础货币增加额，因为，2012 年末，中国基础货币余额是 25.2 万亿元，全年新增加基础货币为 2.7 万亿元。

所谓的基础货币亦称"货币基数"、"货币基础"、"强力货币"或"高能货币"，经过商业银行的存贷款业务而能扩张或收缩货币供应量的货币。西方国家的基础货币包括商业银行存入中央银行的存款准备金（包括法定准备金和超额准备金）与社会公众所持有的现金之和。

我再次不厌其烦地帮郎咸平算笔账，假设他所称的印钞是指 M0 新增额。

央行数据显示，2012 年中国 M0 余额是 5.5 万亿元，同比增长 7.7%。不要谈当年 M0 新增量了，就连余额都达不到他称的新增"印钞"13 万亿元的一半。

退一步讲，假设郎咸平所称中国印钞第一的数据是指 M1 的新增额。

央行数据显示，2012 年中国 M1 余额是 30.9 万亿元，当年新增的额度是 1.9 万亿元，远远达不到 13 万亿元。

根据郎咸平博文表述，与新发行货币最接近的金融专业术语叫"货币发行"。所谓的货币发行，是指发行银行（中国人民银行）投放货币的行为。按其性质，分为经济发行和财政发行。在现代银行制度下，它包括货币投放和回笼两个方面。因此，货币发行量等于一定时期内货币投放量和货币回笼量的轧差数。中国公布的货币发行量为中国人民银行发行库与出入库轧差数扣减商业银行业务库库存数。

2012 年末，中国央行"发行货币"余额为 60645.97 亿元。

因此，2012 年央行印钞 13 万亿元的数据是完全错误的。

第二错：M2 增长≠印钞增加

通过排除法，郎咸平所说的央行印钞 13 万亿元显然是指中国 M2 去年的新增加量。根据央行货币政策报告数据，2012 年年末，广义货币供应量 M2 余额为 97.4 万亿元，当年 M2 新增 12.2 万亿元，即便四舍五入也未达到郎咸平所言的 13 万亿元。此乃数据不准，尚算小错。

即便郎咸平关于 M2 增长是准确的，那么其结论也是错误的，因为，M2 增加的额度不一定是印钞增加获得的。

中国的 M2=M1+ 城乡居民储蓄存款 + 企业存款中具有定期性质的存款 + 信托类存款 + 其他存款。

M1=M0+ 活期存款（企业活期存款 + 机关团体部队存款 + 农村存款 + 个人持有的信用卡类存款）。

M0 是流通中的现金。

在金融学专业术语中，将上述 M2 中的各类存款叫做"准货币"，准货币=M2-M1。

央行提供的数据显示，2012 年 M1 的新增加额度为 1.9 万亿元，换言之，中国 M2 增加主要是靠各类存款（准货币）增加，各类存款增加额度是 10.3 万亿元，占 M2 新增额度的 84.4%；M1 新增额对 M2 的影响带动仅仅占 15.6%。

显然，中国的 M2 主要是靠存款（准货币）增加而增加的，而不是靠印钞增加的。

M2 被称作广义货币，尽管它叫货币，但是，从上述公式中可以看出，它不仅仅包括现金货币或狭义的货币，更多的是各类存款（准货币）。

郎咸平在概念、数据、结论上都是完全紊乱的。

第三错：中国 M2 高并非央行放水

郎咸平在上述错误数据、错误逻辑、错误结论基础上得出的一个更大错误是：中国是世界最大放水国。

即便郎咸平不懂金融，你在微博上还认证为"经济学家"，想必略懂经济吧。

那好，我诲人不倦地从经济角度跟你谈点金融。

一个简单的原理是，货币也是特殊的商品，你就把它当成商品吧，无论什么商品，供给过多，就会贬值；不足才会涨价。人民币也不例外。

假设你的结论是对的，中国的货币——人民币印刷多了，那么会出现两个结果：对内，会出现严重的通货膨胀；对外，人民币会对所有的货币大幅贬值。总之，是人民币不值钱了。

先看通胀情况。根据国家统计局公布的数据显示，去年，中国居民消费价格指数同比上涨 2.6%，这远远未达到任何国家设定的或者教科书上的通胀标准，更谈不上恶性通胀的标准。

对了，你说过，"为了掩盖烂（应为滥）发货币钞票所引发严重通胀以及沸腾民怨，不但统计局造假……"。

那好，咱们放弃这一指标，告诉你一个造不了假的指标：人民币对美元涨跌幅。

还是央行数据：2012 年年末，人民币兑美元汇率中间价为 6.2855 元，比上年末升值 154 个基点，升值幅度为 0.25%。从 2005 年人民币汇率形成机制改革以来至 2012 年年末，人民币兑美元汇率累计升值 31.68%。

如果你对央行的数据也不信，好，根据国际清算银行的计算，2012 年，人民币名义有效汇率升值 1.73%，实际有效汇率升值 2.22%。

总之，郎咸平那条微博在新浪和腾讯共被转发四万多次，仅仅在腾讯被阅读达 253 万人次，虽然很热，但是，完全错误。非要说这条微博的积极意义的话，就是他向金融专家展现出了一个丝毫不懂金融的人无知的勇气，以及煽动了不明真相的群众过剩的民粹情绪。

如果郎咸平对金融学——好歹也是一门学科，尚存一丝敬畏的话，道歉是应该且必须的。

M2 高企根源不在央行，出路在于改革

（2013 年 2 月 28 日）

从货币角度看是高地价推高了房价，高房价推高了贷款，以及派生存款，从而推高了 M2。

如果我说中国 M2 世界最高跟中国人民银行（中国央行）关系不大，你肯定不信，那些动不动就把 M2 高跟央行发行货币甚至印钞过剩挂钩的经济学家们更不信，那好，咱们一起来看看 M2 高企的原因吧。

在一定时期内，任何国家 M2 余额都是由基础货币供应量和货币乘数决定的。中国 M2 高企的主要原因是：各项改革的货币化需要央行投放基础货币，外汇占款需要被动投放基础货币；中国货币乘数是全球较高的国家之一，货币乘数高是因为储蓄率高，储蓄率高是因为养老、医疗和教育等制度有待完善，主观原因是因为中华民族优良的量入为出的消费习惯，另一方面社会融资以贷款为主造成派生存款等。

在发行同等基础货币状况下，货币乘数高的国家 M2 会更高。这是为何中国有些年份发行基础货币少而 M2 增量依然会最高的重要原因。

解决 M2 高企必须从根本上进行。中国房价普遍较高，这主要是因为地价高，要根本解决应打破土地垄断和消除地方对土地财政的依赖；外汇占款多需要贸易平衡和实现资本项开放；解决储蓄率高需要进行三大改革；同时，增加各种融资在社会总融资中的比重。

央行对高 M2 负有一定责任但不是最根本的，改革是解决 M2 畸高问题的唯一出路。央行能且只能对存款准备金率、资本项目未开放、利率等负有有限责任。

另外，鉴于中国各家商业银行都把存款作为最重要的考核指标，有虚假存款推高 M2 的可能，加大了中国 M2 的水分和泡沫。上面基本讲清原理，以下纯属验证性数据和常识性废话。

刚性需求：基础货币之源

M2= 基础货币 × 货币乘数。学者高连奎先生对笔者介绍，在中国，对 M2 影响更大的是货币乘数，笔者通过对近 13 年货币政策报告研读，发现不是这样的，货币乘数变化不大甚至有降低趋势，M2 高的根源还是在于基础货币的供应量逐年猛增。

还是得不厌其烦地解释几个比较专业的名词。按中国央行的定义，M0 是流通中的货币（不含金融体系内的货币），M1（狭义货币）=M0+ 企业活期存款 + 机关团体部队存款 + 农村存款，M2（广义货币）=M1+ 城乡居民储蓄存款 + 企业存款中具有定期性质的存款 + 信托类存款 + 其他存款。这个公式与前面的结果是一样的。

基础货币亦称"货币基数"、"货币基础"、"强力货币"或"高能货币"，经过商业银行的存贷款业务而能扩张或收缩货币供应量的货币。西方国家的基础货币包括商业银行存入中央银行的存款准备金（包括法定准备金和超额准备金）与社会公众所持有的现金之和。

货币乘数就是中央银行提供的基础货币与货币供应量扩张关系的数量表现，即中央银行扩大或缩小一定数量的基础货币之后，能使货币供应总量扩大或缩小的比值，亦称基础货币的扩张倍数。

无论哪个学派都认为，经济要发展都有货币需求，而央行必须有适当的货币供给，央行提供主要基础货币。在 20 世纪 90 年代中期前，中国央行投放基础货币主要靠向商业银行发放贷款，21 世纪初外汇占款取代了贷款成为主渠道。

除了外汇占款，中国央行基础货币的投放渠道还有公开市场业务证券买卖、对金融机构贷款、有价证券及投资等。

影响中国央行投放基础货币最大的因素有两个：货币化改革对基础货币的需求；购买外汇的外汇占款。据《上海证券报》统计，2012年之前的十年，外汇占款是基础货币投放的主要渠道之一。据其统计，我国中央银行基础货币投放中，外汇占款占基础货币的比例已经从1994年的25%上升到2010年第三季度的94%。之后出现减少趋势。

2012年底，中国基础货币余额是25.2万亿人民币，是2001年4万亿的6.3倍，是2005年6.4万亿的3.94倍。2001年和2003年的货币乘数分别是3.95和4.23，而2012年的货币乘数是3.87。

2001年底，中国外汇储备余额2121.65亿美元，按当时汇率折合人民币17558.8亿元；2005年是中国人民币汇率形成机制改革第一年，当年末，外汇储备余额为8188.72亿美元，折合人民币66084.6亿元；2012年年末，外汇储备33115.89亿美元，折合人民币208150亿元。

由于中国资本项下尚未开放和人民币不可自由兑换，各种外汇都会最终被央行通过发行基础货币等方式收回变成外汇储备。这样，由于外汇储备的迅速增长，央行基础货币逐年递增。为何央行为此发行大量基础货币而未引发恶性通胀另外再议。

另一方面，由于教育、医疗等领域实施货币化改革，央行必须投放相应基础货币，特别是住房货币化之后，地方政府需求暴增。

现任央行副行长易纲早在1991年《中国的货币化进程》中就提出：中国货币供应量的快速增长在于经济体制改革使中国经济货币化程度不断提高，产生大量由于体制变革造成的货币需求。

由于经济发展、改革和外汇占款对基础货币产生的刚性需求，保持适当的基础货币增长是必要的。

被动选择：货币乘数之困

很多《华夏时报》读者提问，既然央行货币发行不多，为何M2会成为全球最高？简言之，这与商业银行的货币创造相关，主要通过派生存款产生。派生存款是由商业银行发放贷款、办理贴现或投资等业务活动引申而来的存款。派生存款往往是基础货币的数倍。

　　鉴于本节过于专业、计算公式和模型过于复杂，笔者试图用最通俗的方式予以解释。直接影响货币乘数的因素是，存款准备金率、超额存款准备金率、现金比率、定期存款与活期存款比率等。货币系数与存款准备金率成反比关系、现金比率与货币乘数负相关、定期存款比率高货币乘数就会高。

　　这是因为，如果流通中的现金增多、存放央行的货币过多，就会减少商业银行用来放贷的资金，派生存款就会减少；定期存款对银行来说，派生存款的能力高于期货存款。

　　尽管中国的存款准备金率全球最高，大型商业银行的法定存款准备金率高达20%，但是由于中国储蓄率高，社会融资中依靠贷款占比高，还是通过商业银行的货币创造，造就了世界最高的 M2。

　　在不能压缩基础货币投放的情况下，只有降低货币乘数才能遏制 M2 快速增长，但是，中国货币乘数始终位于世界较高之列。影响货币乘数的因素很多，央行能做的是提高存款准备金率，抑制商业银行派生存款的能力。尽管中国大型金融机构存款准备金率保持在 20%，属于世界最高，但是，2012 年货币乘数依然保持在 3.87 的高位。

　　高货币乘数还因为中国经济活力比较高、增速快，在经济高增长的国家贷款高，由此导致的派生存款也多，这也是一个重要原因。如果经济增速放缓或是停滞，货币乘数就可能自动缩小一半左右。

　　撇开其他因素，造成中国 M2 高企最主要的原因是储蓄率高和社会融资中间接融资占比过重，由此带来了派生存款。另一方面，由于商业银行考核中存款所占比重大，银行间的转账游戏造成虚假存款推高了 M2，形成 M2 泡沫。

　　2012 年的央行货币政策报告称：存款"季末冲高、季后回落"现象较为明显，季末月份平均增量达 2.3 万亿元，而季初月份均为下降，平均减少 5115 亿元。这与金融机构重视季末考核要求以及表外理财快速发展等因素有关。

　　根据笔者的基层商业银行和银行监管经验来看，这是银行间相互转账造成的，比如，A 银行是 23 日扎账，B 银行向 A 转入一笔资金，第二天转出；到 B 银行扎账时，A 银行也是如此"回报"B 银行。早期在银行工作中甚至发现，同一家银行内部也可以"空转"存款，从央行货币政策报告中就能发现这一问题，而这部分存款是不存在的，最终，这部分不存在的存款增加了 M2 泡沫。

互为因果：M2 高房价之惑

是 M2 推高了房价，还是高房价推高了 M2？这是先有鸡还是先有蛋的问题。

根据诺贝尔经济学奖获得者格兰杰的房价与 M2 单向正相关理论，房价高低不决定 M2 余额，但 M2 余额多少可直接影响房价高低。

但是，这些都不是问题的根源，问题的根源在于高房价是由高地价决定的，高地价源于地方政府对土地的垄断与人为抬高价格，这背后的原因是分税制改革后，地方政府对土地财政的依赖。

根据推算，在高企的住房价格中各种税收、收费要占成本的八成以上。特别是住房货币化改革以来，地价直线上涨。由于地价的上涨迫使央行被动发行基础货币。

已有论述，即便按马克思的理论，央行也得提供必要的基础货币，满足商品流通实现其价值。

比如，原来一亩地的价格是 800 万元人民币，现在同样的地段一亩地卖到了 8000 万元，地价上涨了 10 倍。再看央行基础货币的发行，涨价之前，央行需要提供的基础货币是 100 万元；现在需要提供的基础货币是 1000 万元。

在央行提供基础货币的同时，根据货币乘数原理（假设乘数不变均为 4 倍），原来创造的 M2 为 400 万元，现在创造的 M2 是 4000 万元。

高房价的根源在于高地价，这跟基础货币供应增加更密切、更直接一些。

2002 年底中国基础货币余额为 4.5 万亿，2012 年底基础货币余额为 25.2 万亿，十年上涨了 5.6 倍。

从货币角度看是高地价推高了房价，高房价推高了贷款，以及派生存款，从而推高了 M2。

改革攻坚：解决问题之道

剩下来的问题就是如何解决 M2 难题了。

第一，派生存款是造就 M2 高的主要动力。近年来，由于直接融资和其他融资功能增加，银行贷款占比在社会融资总规模中出现下降趋势，但是，占比依然很高。2002 年，人民币贷款（本文不计外币贷款）占社会融资总规模的 91.9%，到 2012 年人民币贷款占比下降至 52%，依然较高，减少人民币贷款占比就需要发展直接融资，比如发展债券市场，减少债券发行的审批手续，规范评级机构，规范 IPO 等。由于资本市场持续低迷，从 2012 年 11 月起，中国 IPO 暂停 3 个多月的审批放行，这又加重了贷款需求。

第二，降低储蓄率。根据《经济参考报》数据，"统计局数据分析，中国的储蓄率高达 52%，在世界上绝无仅有"。而根据社会科学院金融研究所提供的资料显示，2006 年美国的储蓄率仅仅为 13.8%。首先得承认中国人民消费习惯不同，美国人有刷卡借钱消费习惯，中国人有传统量入为出先存款后消费习惯。更重要的原因是，教育、医疗和养老等传统问题得不到有效保障，必须要自己存款，另外由于高房价的威慑和压力，降低和削弱了消费意愿。只有继续推进和加强教育、医疗和养老改革，居民无后顾之忧后，储蓄率才会逐步下降，而不是相反越来越高。

第三，加强税费改革和土地供应改革。《中国企业报》发文称："分税制在接下来近 20 年的运行过程中，发挥一系列正面效应的同时也逐渐显露和积累了一些问题。地方政府要以 45% 的收入办 80% 左右的事，卖土地成为解决办法之一，结果是富国穷县、穷镇，老百姓越来越穷。"由于地方政府对土地出让的垄断和人为抬高地价，最终导致了高房价。改革税制和改革土地供应方式，才能降低地价，减少央行基础货币供应。

把物价、房价高等归咎于央行，归咎于 M2，显然是不对的，这如同把你的工资低归咎于给你发工资的会计一样缺乏常识与正常思维。

为什么不能分外储？

（2009 年 2 月 14 日）

最早提出"将国企股票平均分给每个老百姓"的是独立经济学家谢国忠；此后，北京大学教授张维迎在此基础上作了"发挥"，主张："国有上市公司拿出 40% 股份，外汇储备拿出 1 万亿，两项加起来一共是 13 万亿人民币。每人发 1 万元。"

随后，关于分股和分外储引发了社会广泛热议，不过，央行主管的中国《金融时报》对分股票的建议予以肯定；对于分外储之说，很多经济学家和金融人士表示反对，专业人士更是称，张维迎对外汇储备的性质根本都没搞清楚，但支持分外储的网友不在少数。

关于分股分外储是否合理，《华夏时报》专访了谢国忠、银河证券首席经济学家左小蕾和央行研究生部副主席王自力。谢国忠对本报记者进一步解释了分股票的技术操作。不过，他一向反对分外汇储备，这与左小蕾一致。谢国忠还建议，由财政部发债来补助中低收入者，重点是失业农民工。

分股不存在操作性问题

2 月 13 日，谢国忠接受本报记者采访时表示，改革开放 30 年，国家强大了，但是，人民却没有相应富裕，出现了国富民不强的不合理现象。国有企业本来就是全民的，把全民的东西还给全民，是合理的，也是应该的。

反对谢国忠观点的人士提出的另外一个问题是，分股票存在技术问题。

但是，谢国忠认为并不存在技术问题："可以学撒切尔夫人当年所做的，把国有企业的股票分给老百姓。比如一家国企，股票平均分给 13 亿老百姓后，以后每年分红，中国每个普通老百姓都会受益。分股票很简单，13 亿人都有身份证号码，银行给你分过去就行了。"

谢国忠进一步表示，分股票很简单，可以通过工、农、中、建四大行来分，农村地区也可以通过农村信用社分，就像对农民进行粮食补贴那样，其实是件很简单的事情。

如果农民不懂股票交易怎么办？谢国忠说，给农民分钱他一定懂，也可以委托交易啊。每年国有企业的分红直接打进城乡居民的银行账户上。

谢国忠反对将分给农民或城市居民的股票由机构集中管理，而是建议直接发到中国居民手中，或者放在居民的账户上。

"谢国忠是个不错的经济学家，我对分股票没有研究。"左小蕾笑着说。但是，她也提出了自己的疑虑，当年，俄罗斯也对国民分过股票，结果这些股票迅速地落到了少数人手中。在中国，贫富差距还是很大的，如果出现俄罗斯那样的情况，看似公平地分配了国有资产，事实上会形成更大的不公平，财富会积聚在少数人手中。

财政"不差钱"，百姓该分红

张维迎和谢国忠分股和分外储的理由主要是，财政有钱，百姓无财力消费，分股和分外储可以拉动内需。张维迎说："中国有一个问题是，太多的财富集中在国家、政府手中，而不是集中在老百姓手中，正好可以利用目前这个危机推进改革。"

谢国忠对本报记者表示，政府税收每年暴增，很有钱，但是老百姓有很多顾虑，医疗、教育和养老得不到保障，发股票可以得到分红。

不过，分股票的观点和分外储是两码事。谢国忠和左小蕾一样，都撰文论述过外汇储备的性质，不赞成分外储。

金融界人士的基本共识是，国有企业的股权是国有资产，理论上可分；而国家的外汇储备并不是这个国家的国有资产，理论和现实上均不存在瓜分问题。

《金融时报》文章力挺谢国忠，赞成分国有股的思路。主要观点是：谢国忠的观点是希望通过国企股票的"每年分红"，让中国"每个普通老百姓"都受益。在这里，"每个普通老百姓"强调的是人人有份的均等分配原则，"每年分红"强调的是收益的持续均衡和分配方式不需中间环节。至于"将国企股票均分"，在谢国忠看来，不过是实现这一主张或目标的最佳途径和载体，所分股票也不过类似于一张享受"分红"收益的长期凭证。"但谢国忠的这一建议却为我们寻找其他类似刺激内需的方式开拓了思路，甚至引入了一个新的值得思考的领域——股票。"

不过，反对的声音也颇多，主要观点认为，这不仅与"多数国企已经建立了清晰的产权制度和现代企业治理结构"的股份制改革成果相悖，而且效果估计也不大。

不过，央行官方媒体对谢国忠提出分股票的思路予以了肯定。

外储可以用不能分

前央行副行长吴晓灵说过，外汇并不是央行的资产，如果动用，行，你得拿钱来买。

左小蕾介绍了外汇储备的性质。左小蕾和谢国忠均对本报记者表示，他们不是反对哪位具体的经济学家，他们都有关于外汇储备基本情况的文章发表。左小蕾更是说，很早就有人提出过分外储的问题，"我不存在赞成或不赞成的问题，问题是外储的本质是什么"。

她对本报记者说，她最近专门对外汇储备的定义有过解释，供读者参考：外汇储备是央行的"对外资产"，而不是财政部的资产。不是政府的钱，当然不能想分就分，假如分了，等于是央行分了，商业银行或者企业需要换汇，央行拿什么兑换？这无异于央行直接印票子发给百姓，而不是财政发票子给百姓。这样，央行将出现巨大的亏损，这个窟窿谁来补？

左小蕾不厌其烦地继续解释说，在央行的资产负债表上，外汇储备是央行的负债。这是因为，外汇储备是央行通过发行人民币，从企业和个人手上按照当时的汇率"买"回来的。任何时候企业和个人愿意用当时的汇率换回外汇，央行随时要把外汇兑换出去。另一方面，在央行的资产负债表上，外汇储备的表现形态是"资产"。任何时候动用这些外汇，在国际市场上应该具有与银行发出的人民币等量的购买力。显然，外汇储备对内是央行的负债，对外是央行的资产，不能像4万亿那样作为财政收入，通过政府支出直接投入中国经济运行中。

左小蕾进一步说，央行的外汇储备再换成人民币进入经济运行，意味着二次兑换。结果就是人民币大幅贬值和严重通货膨胀。

王自力对分外储直接进行了批驳。他对本报记者说：对有人语出惊人地提出将中国庞大的外汇储备分给老百姓，不敢恭维。这不仅因为外汇储备在国内不能流通，而且分给老百姓也不便于政府集中控制管理。

银行贱卖论如盲人摸象，全面客观看待银行战略投资股权定价

（2008 年 7 月 25 日）

近年来，随着金融业改革的加速，外资银行作为战略投资者进入中国的步伐正不断加快。除国有商业银行外，股份制银行、城市商业银行、农村商业银行也纷纷引入了境外战略投资者，成为一道亮丽的风景线。

对于引入战略投资者是否成功，国内某些评论往往集中于入股价格的高低，认为只要价格高就是成功的。这实际是一种片面认识，战略投资作为一项复杂的交易，入股价格是各种因素综合的结果，定价成功与否至少需要从四个方面进行客观分析。

适合的合作伙伴可能获得相对优惠的价格

银行引入战略投资者的目的是为推进改革，提高公司治理水平，加强风险防范，提升客户服务能力和信息技术水平，而不仅仅是获得资金。战略投资者的质量是战略合作能否成功的前提和基础。银监会曾专门制定了国有银行引入战略投资者的五条原则和四条标准，各家银行遵照实施，取得了比较满意的成效。

以建行为例，该行在引进战略投资者之前提出了四条具体标准，包括具备一定规模（总市值 300 亿美元以上、总资产 3000 亿美元以上）、在业务领域具备专长和领先优势、愿意向建行转移技术和管理经验、与建行无根本利益冲突。建行

最终引入的战略投资者——美国银行，是美国本土最大的银行之一，但在中国网点很少，正好与建行稳步拓展海外业务的战略相匹配；同时美国银行擅长的零售银行、信用卡等也是建设银行的重点发展领域。双方的业务互补性很强，为成功合作奠定了基础。

工行、中行、交行的战略投资者也各具特色。如中国银行的四家战略投资者都是国际著名的金融机构，可以在各自擅长的领域为中行提供帮助；工行引入的高盛是全球最好的投资银行之一，在资产管理、投资银行、不良资产处置等方面与工行存在互补关系，有广泛的合作空间。

需要指出的是，规模和知名度不是评判战略投资者的唯一标准。尤其对于中小银行来说，只要与自身战略协同，能够推动改革和业务发展，引入小一些的境外金融机构，甚至境内的银行，都是成功的。例如，宁波银行引入新加坡华侨银行、杭州商业银行引入澳洲联邦银行等都取得了不错的成效。

正是由于合作伙伴如此重要，在引资实践中，价格往往不是唯一评判标准。对于门当户对的合作伙伴，如果其他条件相当，即使价格稍逊，也会被优先选择。当前，国际私募股权基金（PE）对中国的金融资产兴趣高涨，这类资金虽然也能在公司治理、人才、技术、市场等方面给银行带来一定帮助，但其本质是以获利退出为目的。即使他们出价较高，也只能作为真正战略投资者的补充。

战略投资入股价格不能简单类比

曾有"专家"撰文指出，外资入股中资银行市净率整体上在 1.1 倍到 1.8 倍之间，其中最低的是美国银行入股建行的 1.15 倍。笔者认为，"专家"的上述引述值得商榷。

首先，战略投资交易结构往往比较复杂，包含多笔交易和多个价格，只以其中一个价格进行比较无疑会得出错误的结论。拿建行来说，与美国银行的交易由上市前、上市时和行权时的价格三部分组成。如果只看上市前的 1.15 倍市净率，就会认为价格低于市场平均水平。但如果综合考虑三部分的价格，加权平均价将达到净资产的 1.7 倍以上，远远超过市场平均水平。

其次，通过战略投资者的入股，提高了资本市场对银行的信心，推高了银行发行上市以及上市后的股价，在这个过程中，投资者实际上出让的品牌等无形资产，无疑也应在入股价中综合考虑。

此外，引入时机对入股价格也有较大影响。2006 年以前，银行股的平均市净率在 2 倍以下。2006 年开始，受中国经济被普遍看好、人民币升值预期以及 A 股持续走强等因素的影响，在香港市场，国内银行股的平均市净率曾冲高到 4 倍以上，目前仍维持在 3 倍左右。这个过程中，战略投资者的入股价格也水涨船高。但并不是说，越晚引入战略投资者越成功。因为国内银行，尤其是国有商业银行，面临的最大矛盾是如何完善公司治理、改变经营机制、优化资产质量，错过改革时机的成本是巨大的，损失是无法弥补的。

交易机制包含抬高入股成本的多种因素

在蜜月期结束后，如何维持长期合作关系是每一个引资项目的重点和难点。国内银行在谈判时往往设计了各种机制对其进行约束，具体条件可能不尽相同。

一是不竞争承诺。其目的是确保合作双方在中国市场没有利益冲突，建立稳固的合作基础。有些银行规定得比较严格，如美国银行不但承诺在中国只投资建行一家，同时为回避竞争，已关闭了其在中国境内的零售业务网点，并将在香港的机构也卖给建行。有些则相对宽松，如花旗银行同时持有浦发银行 3.78% 的股权和广发银行 20% 的股权，同时在国内拥有 23 个网点。汇丰银行除拥有交通银行 19% 的股权外，还拥有上海银行 8% 的股权和通过旗下的恒生银行持有兴业银行 12.78% 的股权，此外还在国内拥有 67 个网点。

二是持股比例安排。外方持股比例过低往往不利于战略协助的推进，而持股比例过高则可能对大股东的控制权构成威胁。相对而言，美国银行持有建行的比例比较适中，按照协议，美国银行可以行权至持股 19.9%，既确保了长期合作，又保证了国有控股。

三是锁定期和业务合作期限安排。各家银行普遍安排了三年以上的持股锁定期，和三到七年不等的业务合作期限。以建行为例，美国银行行权获得的股权要到 2011 年才解冻，战略合作则最早要到 2012 年到期，这在所有银行中是最长的。

这些约束实际也是一种成本。战略投资者的承诺和保证越多，合作条件对我方越有利，其入股成本也越高，在分析时不容忽视。

战略协助也是战略投资价格的重要组成部分

　　除投资协议外，银行在引入战略投资者过程中一般还会签署一个战略协助协议，与投资协议形成不可分割的整体。根据工、中、建三行公开披露的信息，这种战略协助是免费的。对入股价的分析必须考虑这一因素，而且战略投资者战略协助的投入越大，国内银行获得的收益越多，相当于战略投资者的入股成本就越高。

　　目前，各家银行与战略投资者的合作进展良好，取得了不俗的成绩，尤以建行最为突出。美国银行已连续两年派出50名以上专家对建行提供技术协助，在零售业务、风险管理和信息技术等领域的27个战略协助项目已经取得了实质性的效果。例如建行在美国银行的帮助下实施了网点转型项目，目前已转型的网点达到9000多个，已转型的网点日均产品销售量提高了一倍以上。此外，建行与美国银行合资的租赁公司已挂牌成立，信用卡公司正在洽谈之中。

　　正是由于战略投资者的鼎力相助，同时也由于自身的努力，建设银行的竞争力不断提高。股改之前，建行的基础和工行、中行差不多，人员的平均素质甚至还不如中行，目前，无论建行员工素质还是竞争力均已成为国内最佳银行之一。在7月10日公布的美国《财富》杂志全球企业500强排名中，建设银行由去年的第230位上升至171位，升幅达59位，在国内同业中升幅最大。

　　当然，工行、中行也有各自的优势。例如，为推进合作，工行与高盛设立了联合指导委员会，由工行行长和高盛亚洲的主席共同担任主席，同时成立联合工作小组和项目管理办公室负责项目推进实施。中行也与战略投资者成立了类似的机构。未来竞争格局如何，还要看谁能在改革中领先一步。

　　总之，评判引入战略投资者的定价成功与否必须综合考虑交易对手、交易结构、交易时机、交易条件和战略协助等因素，在整体把握的基础上，才能得出客观公正的结论。如果仅就一个孤立事件或交易的一小部分就迫不及待地作出评价，难免会落入盲人摸象的困境。

银行不是垄断暴利

（2012 年 4 月 7 日）

近日，社会各界纷纷指责商业银行，主要集中起来就是两点：一个是说银行垄断；一个说银行躺着赚取暴利。

真是如此吗？关于是不是垄断的问题，这需要依据当前现行的法律进行调查，不过，根据相关法律定义看，没有一家银行构成垄断，假设银行形成垄断，那也是行政造成的，跟银行本身无关，真正能形成垄断的行业是电信、石油石化、电力、通信和铁路交通。

银行是暴利吗？根据现行的法律和通常的定义，银行也不能构成暴利。银行高利润形成有很多原因，最主要的原因是银行改革的成功；如果银行改革失败了，只会形成大量的不良贷款和亏损。

银行掠夺了实体经济的利润了吗？可能会减少企业的利润，但这比贷不到款要好很多；真正掠夺企业利润的是高税收，去年税收增幅高达 22.8%。

"垄断"析：行政造成民资难准入

根据 2008 年 8 月 1 日实施的《中华人民共和国反垄断法》规定，垄断行为包括：经营者达成垄断协议；经营者滥用市场支配地位；具有或者可能具有排除、限制竞争效果的经营者集中。反垄断法规定，具有市场支配地位的经营者，不得滥用市场支配地位，排除、限制竞争。反垄断法明确，国务院设立反垄断委员会机构。

银行符合法定的垄断标准吗？显然，没有一家银行符合标准。

以世界市值最大、赚钱最多、资产规模最大的中国工商银行为例，先看最重要的垄断价格问题。银行最重要的价格是信贷资金的价格，也就是存贷款利率，工商银行和其他银行的资金价格均根据央行规定，存款有最高上限，贷款有最低下限，如果违背可以视同垄断或违反相关法律，而工行和其他任何银行都不敢甚至不会变动这些规定。

这些规定是行政决定的，如果说存在垄断，需要调查的是行政部门而不是银行，而事实上，这也是造成银行获取高额利润的原因之一。

反垄断法第十九条规定，有下列情形之一的，可以推定经营者具有市场支配地位：一个经营者在相关市场的市场份额达到二分之一的。根据银监会和工行公布的数据，2011年底，中国银行业资产规模为113.28万亿元，而工商银行同期资产为15.4万亿元，占比不到15%，存贷款规模均达不到占比一半。

上述第十九条第二款和第三款规定了可以推定经营者具有市场支配地位的另外两种情形：两个经营者在相关市场的市场份额合计达到三分之二的；三个经营者在相关市场的市场份额合计达到四分之三的。

无论工行自己，还是工行加第二大行建行，或者工行加建行再加第三大行中国银行，其资产、存款、贷款怎么算，都达不到反垄断法规定的最低标准，甚至差距很大。

显然，银行业离"垄断"的标准差距巨大。如果说，银行业有狭义的垄断行为和可能的话，那原因主要在准入上，一个是民营资本不能进入银行业，无论村镇银行还是城市商业银行，对民资进入都有苛刻的规定，并有严格的比例限制，这些限制和制约都是行政规定，与银行本身毫无关系，这些所谓的垄断是行政规定造成的。打破垄断，只有改变这些制度和规定。

再看另一个行业，垄断特征十分明显：根据"互联网接入与电信垄断"学术研讨会提供的数据，去年11月中国60%的宽带接入用户、65%的内容资源、62%的国际出口带宽集中在中国电信，网间互联总流量中有83%流经中国电信网络，基本上是一个由中国电信占垄断支配地位、中国电信和联通两大运营商双垄断的格局。

如果政府需要反垄断，最该开刀的绝非银行。2011 年底，全国法人银行类金融机构高达 3800 家。

"暴利"析：高税收伤害更大

法律和经济概念上的暴利，是指生产者、经营者用不正当手段获取超过合理利润幅度的行为。如果政府界定企业有暴利，是要征收相关税收的，比如，2006 年，财政部对石油开采上游企业征收暴利税。

根据中国银监会近期公布的数据，截至 2011 年底，中国银行业资产规模达到 113.28 万亿元左右，较 2010 年增长 18.9%；全年累计净利润 10412 亿元，较 2010 年增加 1421 亿元，增长 15.8%。资产利润率为 1.3%，资本利润率为 20.4%。

从资本利润率（ROE）指标来看，从 2005 年到 2010 年间，银行的资本利润率维持在 15%~17.5% 之间，2011 年为 20.4%。

笔者认为造成银行在 2011 年出现业绩增长的主要有以下几个原因：银行改革顺利推进，不良资产大幅度减少；2009 年和 2010 年放贷 19 万亿元，一般期限一年，在 2011 年收回，情况很正常；法定的利差收入；紧缩的货币政策导致信贷资金价格上涨；经济未进入下行周期，银行的业绩跟经济状况密切相关，并有一定的时滞性，只有经济在下滑一定时期后，银行的坏账和利润下降才会暴露出来。

如果说，银行在 2011 年获取较高的利润，那也是银行业改革成果的标志之一，如果改革失败，银行决不能取得如此好成绩，同样是利率管制和各种限制，十年前的银行为何不能赚钱反而亏损呢？至于银行发展到现在成了赚钱机器，笔者一点都不奇怪，《华夏时报》在 2007 年 7 月改版之初就发表过《银行业缔造黄金十年》，对今天的状况早已做了描述。

让银行少赚钱甚至亏损很容易：降低或限制贷款利率；提高存款利率。或者银行大发奖金、造假账、乱花钱等。

允许民资进入银行、利率市场化都不是银行决定的。那是政府该干的事。即便利率市场化了，如果货币紧缩、准入门槛过高，银行将会获取更高的利润。

银行利润增长不是问题，该追问的是真正处于垄断地位的企业为何不能获暴利？为何三大油企在获得国家补贴、油价创世界最高还不能获暴利？处于绝对垄断的邮政为何亏损？

如果提高准备金率，银行可以通过提高价格获利；下调准备金率，银行照样可以通过扩充贷款数量获利。当前，更重要的拷问是：那些真正垄断的行业，为什么不盈利？

成本低造就高利润（以工行为例）

（2012年4月14日）

近日，中国农业银行首席经济学家向松祚接受了《华夏时报》记者专访，重点对银行改革正确认识、股民关心的银行业绩好而股价不好发表了自己的看法。

根据已经公开的 2011 年世界最大银行数据的对比，从营业收入来看，中国工商银行比英国汇丰银行、美国花旗银行低，而净利润远远高于汇丰和花旗，主要是工行的成本收入比远远低于花旗、汇丰。从国际比较来看，工行和其他中资银行的高利润主要在于成本低，特别是人力成本低。

经济学家胡祖六反对银行暴利和垄断说，他认为，银行高利润得益于改革，更值得关注的是能否持续，"难道银行亏损了才高兴？"

银行高利源于低成本

向松祚表示，很多人认为中国的银行业高利润主要来自存贷款的高息差，"这种认识是错误的。中国的银行业平均净息差低于全球平均水平，中国的净息差大约是 2.7% 左右。"

本报研究各家银行年报发现，在 2011 年，从营业收入来看，工行为 718 亿美元，汇丰为 723 亿美元，花旗为 783 亿美元。工行的营业收入没有其他两大国际银行多，但是，工行却是全球最赚钱的银行，工行净利润为 315 亿美元，汇丰为 179 亿美元，花旗为 112 亿美元。

这是为什么呢？

答案很简单，工行甚至较其他中资银行的人力成本低。看看各家银行的成本收入比，即：营业成本除以营业收入，再乘以百分之百，就一目了然了。2011年，**工行的成本收入比为36.4%；汇丰银行的成本收入比为57.4%；花旗银行的成本收入比为65%。**

很显然，银行的纯利润跟银行的成本收入比负相关，成本收入比越低、利润越高，尽管花旗的营业收入最高，但是，由于其成本收入比最高，所以纯利润最低；尽管工行营业收入最低，但是，由于其成本收入比最低，所以，纯利润最高，这个世界最盈利的银行，并不是因为其赚钱最多，而是因为其花钱最少。

假如工行增加人力成本一项，工行绝不可能成为世界上净利润最高的银行了。4月12日，在录制凤凰卫视《一虎一席谈》节目的胡祖六不赞同银行暴利说，将高利润归结于银行改革的成功，并要居安思危，防止未来业绩下滑。

股价偏低有原因

向松祚表示，银行盈利应当作为改革的成绩予以肯定，是银行十年改革的成绩而不是问题。他认为，银行是国家重要的基础设施，是国家经济健康稳定的基础。

在向松祚看来，银行和金融无论对哪个国家都十分重要。为何美联储主席伯南克冒天下之大不韪，连续推行量化宽松货币政策？因为，他知道如果不救金融体系，经济将彻底崩溃。

向松祚从改革成本上算账，国家也要求银行必须赚钱。十年银行改革，国家向国有商业银行剥离不良贷款注资耗费资金3.6万亿元，都是纳税人的钱。"这个钱花得值不值？当然值得，如果不改，情况会更糟。现在银行公司治理得到改善，竞争能力增强，当然，也需要银行赚钱，尽快收回成本。"银行赚钱最得益的是财政部和中央汇金公司，因为银行缴纳大笔税收，财政部和汇金是国有银行大股东，分取最多的红利。

在分析银行股价普遍偏低，市盈率和市净率几乎是A股中最低的原因时，向松祚提出了四点看法：其一，各界较为普遍的看法是，中国经济前景存在不确定性，而中资银行跟中国经济联系最紧密；其二，源于两个担忧，首先是担心房地产调控影响银行，他认为，中国住房按揭贷款风险很低，房地产开发贷占比很小；另一个担忧是地方融资平台，各大银行的平台贷问题不大，不会出现系统性风险；其三，资本充足率和再融资压力；其四，担心欧美危机影响。而向松祚认为，中国经济不会出现硬着陆，银行拨备足够覆盖各类风险。

撞了白撞与银行兜底

（2014年12月6日）

2013年11月，不大会英语的我独自一人去了一趟美国，刚出纽约机场，迎接我的美籍华人司机就对我交代了在纽约第一条注意事项：不要跟警察开玩笑。警察让你站住千万不要跑，最重要的一条是，千万不要对警察作出拔枪动作，你如果是开玩笑，他们会真的一枪毙了你，吓的我在美国纽约和华盛顿一次也没敢招惹警察。

最近，网上热议的美国警察枪击黑人导致死亡，法院做出了警察无罪判决。想想那位司机的话绝非吓唬我啊。

另一个是争论很久的所谓"撞死白撞"——即行人违规闯红灯，被正常行驶的机动车撞上或撞死，行人负全责。后来，交通法规并未采纳，而实际执法过程中，往往是车辆负责更多，甚至负全责。这在某种程度助长了"中国式过马路"和闯红灯。

问题来了，银行代销的各种理财产品或者在银行销售的产品，出了问题也就是出了"事故"，一般来说，都会由银行兜底、银行赔偿。这严重违背了契约精神和法制原则，势必更改。

代销不等于银行兜底

经常看到银行代销或者跟银行沾边的业务，一旦出现风险，无一例外地都去找银行，甚至会出现很多更极端的行为，很多时候，银行为了息事宁人也都被迫兜底了。这有点类似于行人闯红灯最后追责到正常行驶的汽车，也类似于自己摔倒的大爷讹诈与之不沾边的汽车。

与银行沾边的代理与业务一般来说有以下几类。

第一，银行代理销售各种基金。比如代理基金公司销售的股票型基金、债券型基金、混合基金等。这类代理客户亏损后一般都不会找银行的麻烦，炒股的人都知道"股市有风险，入市需谨慎"，何况亏过大的哪在乎基金亏的那么一点点。

第二，代销各种债券，包括国债。目前，国家对企业、公司发行债券审批比较严格，一般都能到期偿还本息。

第三，代销理财产品。包括银行自身设计发行的各种理财产品，也包括信托公司等发行的各种理财产品，信托理财是出现问题较多，找银行最多的一款，后面单独分析。

第四，委托银行贷款。指定对象让银行把自己的资金投放给特定借款人，严格来说，银行只是按照存款人要求放款，收取手续费，对贷款不负责偿还。

第五，银行存款质押业务。此类业务跟委托贷款类似，比如票据业务，前不久闹得动静很大的民生银行武汉分行所谓"破产"谣言（造谣者已经被刑拘）事件中的业务就属于此类。

第六，代理保险等。这类纠纷一般是银行客户没有认真阅读条款，误把保单看成了存单。我就纳闷了，活这么大连存款长什么样都没看过？

第七，其他。

在上述常见的业务中，唯一银行必须兜底的业务是银行自己创立和发行的银行理财业务。其他，大部分银行只负有道义责任，有些根本不负责任。

经济下行信托很悬乎

在经济上行期，各种问题都会被掩盖，比如，房价和股市都会很好，房价涨谁又在乎房价泡沫？

一旦经济形势有变，特别是房价下跌的时候，房主聚集打砸"售楼处"新闻时有发生，严格来说，这才是真正意义上的"寻衅滋事"，地方政府为何不管？

地方政府又不希望房价真的跌，房价跌了，地方政府赖以生存的地价必然会下跌，势必减少土地财政收入，这也是房价只能涨不能跌的另一个原因。

这时候，被万众唾骂的"开发商"就成了类似于银行的角色——正常行驶的车辆被违规的行人讹诈了。

在银行代理的所有业务中，问题最多的和将来会出现最大风险的必然是信托产品。这是因为，近年来，由于宏观调控趋紧，银行对产量过剩、高污染、高耗能等行业进行了信贷控制，而这些行业通过信托获得了支持。

由于银行存款利率较低，很多储户把存款变成了理财产品，相当多的购买了由银行代销的信托产品。

在经济上行，除了工资不涨什么都在疯涨的时期，信托项目一般都是相对安全的，问题是，现在，中国主动放低了经济增长速度，并相对追求增长质量，降低对环境的破坏，最先受到影响的不会是银行支持的项目——大多数银行还是必须得听央行和银监会的，而当初从信托获得资金的产业一般都是在经济下行和产业结构调整首当其冲的。

比如，信托最先爆发兑付危机的就是煤炭、钢贸等产能过剩和结构调整影响较大的行业。

相信，未来随着经济结构调整的深入，信托行业支持的产业问题会进一步爆发，部分信托公司难以为继是必然的。而银行不兜底必将成为常态。

最需要教育的绝不是银行

投资者教育搞得最好的应该是证监会，尽管 A 股长期萎靡不振，近期又像打鸡血似的暴涨。

很少有人把股市投资亏损归罪于监管部门、券商和上市公司，除了那句风险提示外，有人说股市里赚钱的只有二成，八成是亏损的；又有人说，股市是赌场，即便是赌场也有风险提示，也有"愿赌服输"一说。

银行在各种代理业务中与被代理方一般都有代理协议，也有法律责任。当然，在现实中，一些银行基层员工为了完成所谓的"中间业务收入"指标，存在违规向客户推销理财产品，包括夸大信托理财产品收益，掩饰其风险等状况，这些银行员工的确需要进行法律法规和风险教育。

然而，最需要进行风险教育的却不是银行，而是被代理方和普罗大众投资者。

首先，最需要接受教育的是信托公司。股民们都牢记在心的一句话是："炒股要跟政府走。"这也是讲大局的股民在经历 7 年熊市，一个月翻盘的重要理论依据。而信托公司则不是这样。信托公司这一轮疯狂成长主要是前几年钱荒之际，特别是银行收缩了对上述行业贷款后，信托公司借助于存款利率低，理财利率高，向被银行限制的行业提供资金，充当了最大的影子银行。这种信贷投向小处说是与央行、银监会要求相违背，大处说就是不讲政治。

其次，信托让银行兜底的想法是错误的。很多信托公司认为，只要是银行代销了其理财产品，一旦出现风险，银行也必须帮忙完成"刚性兑付"，也就是所谓的银行兜底。

如果信托公司的爹是银行——也就是说这家信托公司是银行的全资子公司，银行兜底某种程度上来说是应该的。

如果是信托和银行共同开发的项目，二者合同中有明确的要求银行兜底按比例完成"刚性兑付"的，依照合同和法律来办也没问题。

如果银行仅仅只管销售并只拿手续费，信托公司就别做梦了。人家又不是你爹。

最后，投资者。投资者一定要扭转一个错误的观点：银行是国家的，在银行买的一切都应该由银行兜底，这种观点甚至比闯红灯被车撞反正车负全责观念还根深蒂固。银行也是商业机构，即便是银行原因给你赔了钱，他们的股东也不会干，小股东愿意，他们的大股东国家也不会同意啊。

银行，有钱、不任性。奉劝各位：不要闯红灯，投资注意风险。

反对金融业降薪，银行高管应该涨薪十倍

（2014 年 9 月 5 日）

十几年前，一位股份制商业银行的股东对这家银行的高管抱怨该行员工月薪 6000 元，感觉太高了，是他所在的企业员工的十倍了，还加薪。那家银行高管冷冷地回答了，大意是：你们卖 ×× 的怎么能跟干银行的比？金融业的特殊性你不懂吗？后来这位大股东被选出董事会，后来又入董事会再也没提过银行高工资的事了。

对，金融行业是特殊的行业，故，其员工的薪酬应该有特殊的要求。个人反对行业歧视，但不得不说，金融行业是比较高起点和高门槛的行业。国有商业银行高管的工资不仅不该降，百万年薪不是多了而是少了，涨十倍都少。也只有涨到这个薪酬水平才可能吸引国际人才进国有银行。

支持央企降薪，反对金融限薪

央企、国企降薪是合理的。早在 2011 年，政协委员崔永元就调侃道："洛杉矶的油价比中国还便宜两块钱。我就想了，中石油、中石化这是怎么回事啊？能不能换我当老总，试半年，不行我再还给你？"美国很多地方没有高速收费站。

还有人认为，无论谁坐"两桶油"老总的位置都能赚钱。但是，事实上国家税收每年还在为"两桶油"提供数以百亿元的财政补贴。

按照反垄断法的定义，"两桶油"无疑是垄断企业。在垄断状态下，维持高薪，

的确没有必要。而垄断状态下，"两桶油"出现了不少问题，比如近年反贪曝光出来的石油系贪腐、利益输送等。

国企、央企是全民的，从石油系贪腐可以看出，其实少数权贵把它们当成自己的。在出现亏损后由全体纳税人埋单。这样的企业不降薪不足以平民愤。

反观金融行业，特别是银行业则大不同。

一方面，股改后的国有商业银行和股份制商业银行利润逐年稳步增长，为国家纳税逐年增加；另一方面，代表国家也就是全民入股银行和其他金融机构的财政部与中央汇金公司都能得到最多的分红。

国企、央企亏损全民埋单；而金融机构，特别是银行没让全民埋单，如果说在股改之初剥离不良贷款财政拿过钱，那也是银行在支持国民经济中形成的。后来通过税收和向汇金、财政部分红，以及股价上涨，早已弥补了财政投入。客观上，银行赚钱让全民受益了。

一方面是时有亏损、利益输送、贪腐问题的企业，一方面是为全民打工的银行，对待他们的态度理应大不同。国企、央企降薪理所当然；金融行业、银行高管一刀切被降薪于理不通。

金融行业整体薪低，银行高管要加薪

这里指的是国有银行高管，其工资普遍较低，最高不过 200 万元，与民营银行相去甚远，与股份制商业银行也有很大差距，比如，原深发展、现在的平安银行外籍行长理查德·杰克逊 2011 年年薪达到 869 万元，而国有银行的规模块头、管理难度、盈利能力都是深发展无法与之相提并论的。平安马明哲的天价年薪是特例我们不提。

既然我们能够接受外籍行长拿高年薪，我们为什么不能接受国有银行高管并不高的年薪？

有人说银行高管有行政级别。这真是一个可笑的借口，首先，银行高管的级别不是银行自己要的，举例来说，这样的级别给银行高管带来进步的机会了吗？拿宇宙大行中国工商银行来说吧，2005 年之前，中国国有银行被海内外媒体描述成"技术性破产"，其后在董事长姜建清、前行长杨凯生的带领下，经过十年

努力，成了市值、资产规模、盈利等方面的世界第一。姜建清不还是个副部级吗？杨凯生不也是到时间点退休吗？

又有人举例说，前不久农业银行董事长蒋超良不是赴吉林出任代省长了吗？说明这个副部级的银行高管也是有进步机会的。

这也从另一方面说明金融行业的特殊性：金融行业是有高门槛的，外行很难也不可能领导内行，但是，金融行业的人可以领导地方，另一个例子是去年从金融业转型到山东出任省长的郭树清。几乎没有毫无金融背景的人空降金融行业出任高管，有金融背景的能把别的干好。这种现象是不可逆转的，就是说能干好金融的有极大可能在其他领域干得相当出色，而其他行业干得好就不一定能干好金融。

从这个角度来看，金融人才也是稀缺的，因此，金融行业工资高点是天经地义的。

然而，金融行业整体工资并不高。记得前几天本报报道了金融类上市公司员工平均薪酬23万元，另有媒体称五大国有商业银行董事长平均103.73万元。这个真不好意思跟海外同行比，即便跟国内高薪行业比也属于中等水平。

银行赚钱多工薪低不科学也不合理

早在前年，我写文章在《华夏时报》和凤凰卫视上批驳有关领导指责银行垄断暴利的时候，引用过国际上知名机构权威的资料。

还是以宇宙银行——工行为例。

在2011年，从营业收入来看，工行为718亿美元，汇丰为723亿美元，花旗为783亿美元。工行的营业收入没有其他两大国际银行多，但是，工行却是全球最赚钱的银行，工行净利润为315亿美元，汇丰为179亿美元，花旗为112亿美元。

这是为什么呢？

答案很简单，工行甚至比其他中资银行的人力成本低。看看各家银行的成本收入比，即：营业成本除以营业收入，再乘以百分之百，就一目了然了。2011年，工行的成本收入比为36.4%；汇丰银行的成本收入比为57.4%；花旗银行的成本收入比为 65%。

很显然，银行的纯利润跟银行的成本收入比负相关，成本收入比越低、利润越高，尽管花旗的营业收入最高，但是，由于其成本收入比最高，所以纯利润最低；尽管工行营业收入最低，但是，由于其成本收入比最低，所以，纯利润最高，这个世界最盈利的银行，并不是因为其赚钱最多，而是因为其花钱最少。

现在，银行的经营环境更加困难了。由于利率事实上的市场化，提高了银行融资成本，各家银行为应对余额宝类理财产品带来的冲击都推出了类似"薪金宝"的理财产品，你的工资进来，工资卡自动购买高收益理财产品，随时可以 T+0 取款，事实上银行活期存款正在消亡。

另一方面，银行贷款利率很难上调。

在此压力之下，各家银行保持盈利快速增长，一方面是因为银行压缩了各项费用，另一方面是因为维持相对较低的工薪水平。

在如此低的工薪下，如果还要对国有银行高管降薪，有点说不过去。如果他们年轻，为前途着想也许还会留在他（她）所在的银行；如果他们年纪大了如宇宙行董事长，你降薪他们也懒得折腾了。你降人家的工资人家没反抗、没跳槽不代表你的决定是正确的。

但是，维持国有银行低工资是绝对吸引不了国际金融人才的。除非，他有别的想法。

中国非通货紧缩

（2015年2月27日）

最近，关于中国离通货紧缩很近的论调很多，金融机构、财经媒体和各种评论员无不惊呼，搞得通缩真得要来似的。

如果外行和半吊子经济、金融"专家"有此言论，只好一笑了之，2月25日，媒体大肆渲染所谓央行旗下《金融时报》中国城市金融学会秘书长同时兼任《金融时报》专家委员会委员的詹向阳博士评论文章称："从目前国内经济与货币的实际情况和数据来看，通缩离我们已经很近了。"

仔细拜读了詹博士全文，其文有部分合理数据，遗憾的是，该文静态，也不能反映出央行货币政策根据新情况而出现的新变化。

个人认为，詹的文章不足以论证通货紧缩，相反，我们不要停留在不是通货膨胀就是通货紧缩这种极端的论调和非黑即白、非左即右的思维中，也有既不是通胀也不是通缩的正常时候。纵观2014年以来的货币政策，是中性偏积极的，央行的应对是科学和有针对性的。

静态CPI不能证明通缩，物价下降是反腐与改革小红利

尽管顶级经济、金融学家对通货紧缩的看法不尽相同，但是，综合起来有三套指标可以衡量：由于货币供应减少，购买力下降导致居民消费者价格指数（CPI）以及工业品出厂价格指数（PPI）下降，从而引起经济下滑和失业率增加。

而一个月的 CPI 数据完全不能反映出通货紧缩。打个比方，十年前，北京的大白菜一斤（0.5 公斤）是 0.1 元，每年上涨，2014 年底到了 1 元一斤，2015 年 1 月跌到 0.8 元一斤，这就不是通货紧缩，属于价格理性回落。

日本东京十年前大白菜折合人民币是 1 元一斤，十年没大变化，2014 年底还是 1 元一斤，2015 年 1 月跌到 0.9 元一斤，那么，可以据此判断，日本出现了严重的通货紧缩。

众所周知，去年的农历春节在 2014 年 1 月份，今年的春节在 2015 年 2 月，而春节期间物价都会上涨。

所以，詹博士列举了一大堆 1 月份 CPI 数据毫无意义，罔顾了过去十多年物价一直高速上涨的事实。加之，春节月份措置，根本没有可比性。

2014 年，中国经济 GDP 增长 7.4%，在主要经济体中是最高的，中国经济长期高速增长，偶尔出现增速放缓，是再正常不过的事了。如同跑步，跑马拉松不能一直保持跑时速一百米一样。

再说第三个指标，货币供应量。

根据央行公布的《2014 年第四季度货币政策执行报告》（以下简称《报告》）提供的数据，2014 年末，广义货币供应量 M2 余额同比增长 12.2%。人民币贷款余额同比增长 13.6%，比年初增加 9.78 万亿元，同比多增 8900 亿元，全年社会融资规模为 16.46 万亿元。

无论是央行货币供应，还是银行放贷，都是非常高的，何来通缩？

物价下跌的原因，鄙人早在 2013 年就发表了一系列文章做了阐述与预测，在我意料之中，你没料到是你水平与远见不够（参见《金融的真相》第一章和第二章"被妖魔化的 M2"系列）而已。

中国物价高的主要原因是贪腐成本、高税费、垄断、国际大宗商品和油价高企输入型通胀，现在这些导致通胀的因素正在消逝，物价回归使这些不利的早该失去的因素失去，怎么成了通缩的证据？

外汇占款减少，货币投放没少

央行的宽松不仅仅是降息降准。

詹博士关于通缩的一个重要的论据是外汇占款减少，导致中国人民银行人民币投放减少，詹博士的思维还停留在三四年前吧。央行早已放弃了根据外汇占款投放货币的锚。央行当然明白"活人岂能让尿憋死"的古训。

央行《报告》显示，全年央行货币政策工具供给基础货币约 2 万亿元，同比多增 2.1 万亿元；外汇占款供给基础货币约 6400 亿元，同比少增 2.1 万亿元。

外汇占款导致的货币投放减少的金额被央行创新型投放填补了。不要以为只有降准才能投放货币，这是所谓专家的旧思维很不适合央行新常态。

央行的投放主要有：公开市场操作、再贷款再贴现和其他流动性支持工具。其他流动性支持工具包括：常备借贷便利操作，以及 2014 年 9 月创设的中期借贷便利。

2014 年，中国人民银行累计开展中期借贷便利操作 1.14 万亿元，年末余额为 6445 亿元，期限均为 3 个月，利率为 3.5%。总体看，在外汇占款渠道投放基础货币出现阶段性放缓的情况下，中期借贷便利起到了主动补充基础货币的作用，有利于引导货币信贷和社会融资稳定增长，为稳增长和调结构营造中性适度的货币金融环境。中国人民银行在提供中期借贷便利的同时，引导金融机构加大对小微企业和"三农"等国民经济重点领域和薄弱环节的支持力度，发挥中期政策利率的作用，促进降低贷款利率和社会融资成本，更好地服务实体经济。

另外，尽管央行没有全面大幅降准，但是，央行多次向农村商业银行类金融机构、中小银行降低存款准备金，并与支持三农和中小企业指标挂钩，从全面普降到货币政策引导，央行的调控趋于理性、科学性。上面创新型的货币投放看不懂，这些定向降准你们也看不懂么？那你们还假装什么专家？

与各位专家结论相反，正是央行货币投放合适、充裕，才导致融资成本降低。

2014 年 12 月，非金融企业及其他部门贷款加权平均利率为 6.77%，比年初下降 0.42 个百分点。其中，一般贷款加权平均利率为 6.92%，比年初下降 0.22 个百分点；票据融资加权平均利率为 5.67%，比年初下降 1.87 个百分点。个人住房贷款利率先升后降，12 月份加权平均利率为 6.25%，比年初下降 0.29 个百分点。

问题来了，有编辑同事问我，央行创新型的货币投放跟外汇占款进行的货币投放有差异吧？这个问题比詹博士的问题专业些，顺便解答一下。央行创新型货币投放的有效性和货币创造性更好一些。

《报告》数据：2014 年末基础货币余额为 29.4 万亿元，同比增长 8.5%，增速比上年末高 1.1 个百分点，比年初增加 2.3 万亿元，货币乘数为 4.18，比上年末高 0.1。

外汇占款减少了，货币乘数不降反升就是例证。

药不对症救不了自己可救别人，财税应更积极、货币可稳健配合

过去一年多，我们的货币政策名为稳健实则是宽松，创造性隐蔽放水，这种放水方式银行资深专家詹博士都没发现，是为专家之可悲、央行之无奈。

说好的积极财政政策实为中性，甚至偏紧。连续三次加燃油消费税就是极端例子。好在这种局面得以扭转，2015 年 2 月 25 日，决定对小微企业税费进行减免，这是一个良好的开端，我赞同也一直呼吁减免税才是积极财政政策正道。

因为，詹博士在《金融时报》发表的第一篇文章不能证明走向通缩，所以其第二篇要求央行大放水的文章可以参考，不应采纳。

春节期间，看到最多的跟财经沾边的新闻是发红包和到日本购买马桶盖，到日本购买马桶盖的确应该引起中国各方面高度重视，财税、货币政策不是万能的，但是，也是可以有所作为的，尽管作用有限。

购买抢空日本马桶盖，说明日本的马桶盖质量好，设计人性化，涉及中国制造转型问题，也涉及打假问题，还涉及由于环境的变化导致外资企业撤退的问题，如果不撤退，在中国不是也能生产一样质量的马桶盖吗？这些问题不是我研究的范围，咱们谈谈财政货币政策吧。

财政政策对于这个问题的重要性高于货币政策。

首先，是进口关税的高企，特别是奢侈品。有报道称中国是出国购买消费奢侈品人数最多的国家，大约只要出过国的人都不会有啥反对意见，根源是在国内买奢侈品不仅贵，还不一定能买到真的。贵的原因主要是税负太重，另外就是物流成本高，这涉及各种收费。

如果财政税收不在进口关税上大幅度调整，物流成本不降下来，出国购买商品的热潮就不会降温。出国购买商品兴起已有很多年了，只是到日本买空马桶盖

这事儿有点太离谱了。

其次，才是货币政策也可以做点事的，那就是让人民币对外贬值，对内适当升值保值，增加出国消费成本。

这又跟我的一贯主张吻合，所谓积极的财政政策和稳健的货币政策就是：减税费 + 人民币对外贬值。

而一味施压央行大幅降准和增加货币发行只会导致人民币外升内贬，加速类似到日本购买马桶盖效应。这种扭曲的财政货币政策不调整，这种局面就不会改变。中国的政策是挽救中国经济呢还是刺激日本和其他国家经济发展呢？在国内出现的是更可怕的滞涨。

各位长期呼吁货币放水的专家们：建议你们去日本考察下，顺便买个马桶盖。

（本文刊发于钛媒体和《华夏时报》）

揭秘放任贬值真相

——人民币对美元贬值平静的背后

（2016 年 11 月 28 日）

2016 年 11 月 27 日晚，央行官网挂出该行副行长易纲接受新华社专访文章，三问三答。第一个问题是"人民币在全球货币体系中仍表现出稳定强势货币特征"；第二个问题分析人民币对美元有所贬值，同时人民币对其他主要货币升值；第三个问题分析外汇储备合理充裕，就是说子弹充足。

这是央行第一次直面人民币对美元持续走弱的回应。中外金融机构，市场人士均表示，央行在本轮人民币贬值过程中——特别是进入十月以来，并未干涉外汇交易市场。除了躁动的媒体，无论是管理层面，还是主管层面，对人民币贬值表现得相当平静。

而这种局面也许正是央行期望的。

首先，借机让人民币趋于均衡，去掉泡沫。无论从哪个角度看，人民币对美元都存在比较明显的泡沫，只有当处于相对均衡时，打开人民币自由兑换的大坝，才不会出现暴跌的情形。很多金融学家和本人多次论述过，不赘。

其次，本轮人民币对美元持续下跌，实现了人民币摆脱紧盯美元，真正盯住一揽子货币战略转移。尽管我们早就提出不再紧盯美元，而实际上依然是紧盯美元的战略战术。2015 年 8 月之后，紧盯美元变成现在的真正地紧盯一揽子货币。

其三，自由浮动汇率正在形成。自十月以来，美元持续强势，美元指数屡创新高，美股类似。加之主张减税、加强基建和贸易保护的特朗普当选美国总统，美元强劲走强，这时候如果紧盯美元，实属不智之举。

根据央行数据，10月份以来发达经济体货币中，截至11月27日，日元、欧元、瑞郎对美元分别贬值10.5%、5.8%和4.2%；新兴市场货币中，马来西亚林吉特、韩元、墨西哥比索对美元分别贬值7.2%、6.5%和6.1%，而人民币对美元只贬值了3.5%，只有美元指数升幅的一半。由于人民币对美元贬值幅度较小，10月份以来，人民币相对一些主要货币是显著升值的。例如，在SDR构成货币中，人民币对日元升值7.5%、对欧元升值2.5%、对英镑升值0.5%；在亚洲新兴市场货币中，人民币对马来西亚林吉特、韩元、新加坡元分别升值4.1%、3.3%和1.2%。

其四，贬值迎接两个窗口期。央行之所以不干涉人民币对美元贬值，比较一致的看法有两个。第一个窗口是12月美联储议息会决定加息已成定局，人民币和各国货币提前释放，纷纷贬值，符合常理。

第二个窗口是2017年1月特朗普就任总统，其在竞选中一再指责中国是"汇率操纵国"，而中国央行采取的是不干涉外汇市场策略。如果特朗普再指责，央行可以说，如果不操作就是这样的局面，如果特朗普要求人民币升值，央行可以明确的回应：我们不操作汇率。当然，当人民币贬值到位或者过头，在特朗普就任后，人民币也有升值的可能。前提是，贬值要贬透彻。这样，真正的双向波动就形成了。

其五，三个泡沫挤掉两个，减少爆发"日本病"的机会。笔者在2013年11月发表过《建议人民币对外主动贬值，谨防"日本病"》（以下简称《日本病》）的文章，"日本病"的爆发是本币在持续上涨后，暴跌；股市创历史最高后暴跌；房地产泡沫破灭后，暴跌。之后，日本持续二十年经济低迷。

2015年，股市暴涨到5100多点后，无论怎么说，降到安全区了，目前的点位，跌也不会出现腰斩的情况了。更何况，我们的股民是经历过从6100点到1600多点的壮士。确性不会出现太大问题。

人民币有节奏不失时机地去泡沫，趋于均衡，也符合防止出现"日本病"的大战略。中国人民银行才懒得管呢，除非出现特殊情况，而实际上，在《日本病》一文中恰好笔者也引用过易纲的话，三年前，他认为"外汇储备过多"；前两天接受采访时，易纲认为"外汇储备合理充裕"。

最大的泡沫高房价，在各地限购令调控之下，房价疯涨的局面得以遏制。

其六，在人民币国际化途中，房价的走向只有两个：冻结或下跌。房地产的黄金十年已经伴随银行的黄金十年随风而去了。

纵观国际经验，在本币国际化的路上，房价有涨有跌，涨的背景是有外资涌入，经济走强，本币升值，没有严重的"雾霾"等。否则，只会下跌。

当前，中国经济处于下行周期，并且有通胀压力，多次论述过狭义货币M1——极其容易变成流通中的货币下半年逐月呈现超过 20% 增幅，加之各种基础原材料涨价，非常容易形成滞涨。

虽然央行不可能直接干预人民币对美元汇率，但是，也不能眼见人民币无限贬值下去，市场化的手法就是跟随美联储加息和提高存款准备金率。这样，房地产就彻底完了。

至于都懂的人民币贬值对出口企业利好等就不提了。特别是经济下行期，贬值对出口拉动经济增长十分必要。

关于经济增长，供给侧结构性改革的核心是减税，特别是个人所得税和中小企业税率，而不是央行放水。这个可以向特朗普学习。

人民币贬值符合大战略，三率齐降：外利于接轨内利于发展

（2014年3月21日）

今年以来人民币对美元大幅贬值，这在我看来符合人民币国际化要求，因为，我们的人民币被高估太多，资本项下尚未开放。相当于我们筑起大坝与周边的湖泊隔离了，一旦与国际接轨，蓄水太多水位过高，有造成"溃堤"的危险。接轨前放放水与周边水位一致，更好！

最近，国内利率（包括银行间拆借利率、余额宝类货币基金收益率、民间借贷利率）、汇率、国债回购利率均出现下跌趋势。一方面这是经济下滑借贷需求不足的表现；另一方面，三率下降对外有利于与国际接轨，对内能促进经济发展。三率齐降有利于人民币国际化和利率市场化推进。

人民币贬值还能挤走热钱，减少通胀压力，因为，热钱进来央行要发人民币购买；三率下降也能进一步让热钱撤出，进而有利于有限挤出房地产泡沫。人民币贬值远远不够，具体到数据上，我认为1美元兑换10元以上人民币才合理。

三率下降是市场的选择

货币，也是商品，是特殊的商品而已；利率是货币的买卖价格，是由供求关系决定的。

我国尚未完全实现利率市场化，存款利率尚存在管制；贷款利率已经完全放

开。而余额宝类存款性质的货币基金收益率是最接近存款市场利率的，而且这个价格透明，实时可查。依托于天弘基金的余额宝从年初的年化收益率 6.74% 一路下跌到目前的 5.5%；依托于华夏基金的微信理财通，从一月底的年化收益率 7.9% 下跌到目前的 5.66%。

众所周知，去年 6 月钱荒时银行间拆借利率飙升至 13%；目前，趋于平稳，3 月 20 日，上海银行间同业拆放利率（Shibor），隔夜利率 3.011%，7 天期利率 3.474%。

人民币不到三个月对美元贬值近 3%；债券回购利率走低；民间借贷利率走低。

由于银行存款利率偏低（一年期存款利率为 3%，可上浮 10%），而各种银行表外理财和信托产品利率较高，这导致钱从银行系统流出，再加上期限错配，从而引发了钱荒。而这并不能真实地反映资金供求关系是否紧张或资金需求状况。

这也是自发生钱荒以来央行始终未下调准备金率的原因：并非资金短缺而是流向出了问题。钱荒之后，影子银行监管加强，资金逐步回笼银行，钱荒得以缓解。

近期央行多次从市场回笼资金，亦说明资金是充裕的。

那么利率为何走低？

经济下滑基本是共识。在经济下滑中，很多企业、个人投资热情不高，地方政府投资因融资平台贷款受限制，银行基本冻结了平台贷。

在需求不旺的情况下，利率走低是很正常的。另一方面，利率下降有利于降低企业和个人融资成本，降低物价，从而有助于经济企稳和稳健增长。

三率下降有利于与国际接轨

拿利率说吧，在世界主要经济体中，中国的利率最高，官方央行法定存款利率为 3%，还可以小幅上涨。而最主要经济体美国的联邦基准利率维持 0 到 0.25% 不变；欧洲、日本接近于 0 利率。

而美国、日本经济强劲复苏很久了，尽管欧元区部分国家经济增长缓慢，主要大国如德国则像根本没受影响似的。欧、美、日维持低利率有利于本国经济复苏、从而带动就业率提升。

由于维持低利率，美国的股指屡创历史新高，存款的收益显然没有投资股市收益高，加之财富效应，使得美国股市在经济复苏初期便强劲反弹。美国股市的大牛市又助推了美国经济的强劲复苏，在牛市状态下，更多的企业可以通过 IPO 获得直接融资，减少对传统商业银行间接融资的依赖，很多企业通过发债和上市获得资金。这是一种良性循环。

自安倍上台后，日本也推出量化宽松货币政策，这是一种比美国更宽松的货币政策，使得日本多年不动的股市终于走向牛市。日本的日经指数从 2012 年 11 月的 8000 多点到去年底的 1.6 万多点，一年多几乎翻了一倍。对经济的复苏作用不言而喻，原理同美国。

中国的 A 股基本与中国经济现实与未来是脱轨的，因为，其诞生就是为国企解困服务的，后来成了权贵变现的工具。我较早前呼吁把阿里巴巴、京东商城留在 A 股上市，让腾讯在香港上市 10 年后也能回归 A 股，这在技术上没有任何难度，难在制度层面，把好公司逼到美国上市，而留下来的多是传统的、落后的行业产业，还有造假的上市公司，试问股市能好吗？又怎么能反映中国经济状况呢？

回到三率下降上来吧。

由于中国利率较高，加之人民币升值的预期，国际资本肯定首选中国，加之过去欧美经济前景不明朗，这样就造成大量的国际资本通过虚假贸易、投资等形式进入中国，由于中国资本项下尚未放开，央行必须发行人民币基础货币去购买这些外汇，从而形成通胀压力。鉴于此，央行不得不提高存款准备金率防止通胀。现在已经达到了极限，存款准备金率 20%，法律上贷存比最高的要求是 75%。

利率的下降和人民币贬值，有利于国际套利资本撤离中国，外汇储备进一步降低。这为央行降低准备金提供了有力的支撑和空间，对中国经济的增长提供了资金必要准备。

三率下降符合金融原理

在人民币国际化势不可当的情况下，我们的利率水平必须跟国际接轨，我们人民币的汇率必须与美元、欧元、日元等主要币种均衡。

这不是我的主管臆断而是由金融原理决定的。根据两位诺贝尔经济学奖获得者蒙代尔和克鲁格曼的"三元悖论"原理，一国的经济目标有三种：1.各国货币政策的独立性；2.汇率的稳定性；3.资本的完全流动性。这三者，一国只能三选其二，而不可能三者兼得。

最极端的例子是香港，实行的是与美元挂钩的联系汇率，选择了资本完全自由流通和汇率绝对稳定，挂钩美元，美元无论涨跌与港币兑换比例不变。这样香港就必须牺牲货币政策的独立性。比如：美国央行美联储加息，香港必然同时加息；美联储降息，香港必然降息。很多年都是这样。

中国大陆呢？我们在蒙代尔三角中选择的是货币政策独立性，牺牲的是资本完全流动性，汇率相对稳定。

人民币国际化，就是资本项下完全开放，牺牲的必然是货币政策的独立性和部分汇率稳定性。

目前，三率下降正朝着有利于中国的方向发展。如上所述，国际上主要经济体的利率比我们低至少三百个基点；人民币严重被高估；如果现在接轨，后果必然是：人民币暴跌；国际资本流出；货币政策难以达到照顾中国经济增长和保持国际收支平衡的目标。

在未来相对牺牲一定的货币独立性之前，有必要照顾利率、汇率的相对均衡。

笔者去年9月和11月实地考察过欧美，感受最大的是欧美几乎所有的商品都比中国便宜，除了我们的税负水平较高外，人民币被高估，甚至人民币严重的外升内贬已经达到了扭曲的地步。彼时，笔者曾撰文《人民币当适度对外贬值，谨防出现"日本病"》发表在去年11月22日的《华夏时报》上。

当时有段描述："人民币升值，如果子女在海外上学、出国旅游、海外购物就能明显享受到人民币升值带来的福利。10月底，笔者在纽约的名牌折扣店买了两双名牌皮鞋，大约每双折合人民币630元；在欧洲的芬兰买大约1200元；笔者在北京西单的专卖店发现同款式皮鞋至少在2000元以上。再如名牌皮包、中档衣服等，国外大多数是国内价格的三分之一左右。而享受到这部分福利的人是不会站出来说的，他们需要做的就是：买三个大皮箱，装满带回国，而机票和酒店费用简直不值一提了。"

　　其实，汽车、手表奢侈品的价格中国更是美国、欧洲的三到五倍甚至更高。这不仅仅是税负的问题了。当然，欧美的香烟和人工服务的价格高出中国很多，但是，其他商品普遍比中国便宜。

　　按购买力平价来看，中国人民币被严重高估甚至扭曲了。如果此时实现人民币国际化，即：完全放开资本项下，那么人民币会狂贬，央行为保持币值稳定，必然会加息。

　　那么，国际资本会为套利而再次进入中国，而在加息的背景下经济陷入衰退是必然的。比如，印度、巴西等国家目前就是这种状态，本币贬值，通胀严重，其央行加息都超过 10% 了，这对新兴市场国家来说是致命的。高利息下完成经济复苏，是不可能的。

　　很多微博微信读者留言，让我点评人民币贬值对房价股市的影响。只说一句：人民币贬值对房价的影响远不及反贪腐和全国住房信息联网力度大；对股市的影响正负抵消没有实质影响，比如，利率降低了可能会使得部分资金流入股市，但是，利差收窄、大宗商品价格暴跌等对相关房地产、银行、有色等行业造成打压，这些行业在 A 股中占比很高。

　　降低水位，在与国际水平接轨的情况下拆除资本项下这个"大坝"，不至于"溃堤"。人民币国际化和利率市场化提速可期。其实，央行在下很大一盘棋。

　　旁观者迷，当局者清。希望如此。

第二章

降准降息还是减税

"央妈"降准宽松会怎样?

（2020年3月13日）

摘要： 货币政策很重要，但是，并非万能，特别是在并非由货币政策导致经济下滑的前提下，实施宽松货币政策，依然是货不对板，头痛医脚。并且，会对通胀持续产生压力。

根据国常会"建议"，相信央行很快就会降准。再据历史经验，央行一般会在周五收市后，实施货币政策操作，据此推算，最快央行将在3月13日收市后宣布定向降准，最迟也会在本月实施定向降准一次。

存款准备金是指金融机构为保证客户提取存款和资金清算需要而准备的，是缴存在中央银行的存款，中央银行要求的存款准备金占其存款总额的比例，就是存款准备金率。

调整存款准备金率，是人民银行重要的货币政策工具之一，属于数量型工具。一般来说，当经济过热或者预防通胀之际，会提高存款准备金率，在价格工具上会加息；反之，反向操作。

受内外因素影响，2020年2月经济基本陷入停摆，央行降准刺激经济甚至引导降息力度加大，并不意外。

这轮问题出在企业，关键与核心是民企。民企生存艰难根本原因，不是融资难融资贵问题，这是堂而皇之的借口。民企真正的问题是：税费高，产权难以得到保护，不能获得国民待遇。即便降准了，这些根源性的问题，依然得不到解决，更何况，谁能保证降准后，资金会流向中小企业和三农？

首先，并非商业银行不努力，而是用超功力了。

3月11日，央行公布的数据显示：2月末，本外币贷款余额163.07万亿元，同比增长11.7%。2月末，本外币存款余额202.35万亿元，同比增长8.1%。贷存比为：80.5%。1月贷存比大致如此。

如果不是《商业银行法》做了修改，这一比例属于违法的。原来该法规定商业银行贷存比，不得超过75%，超过了就违法。

即便在2013年6月银行爆发钱荒前的5月，2013年5月末，本外币贷款余额72.00万亿元，5月末，本外币存款余额102.04万亿元，当年5月商业银行贷存比为70.6%。现在商业银行贷存比，比钱荒时候高出了十个百分点。

钱荒的时候，银行吸收了100元存款，只放出去贷款70元；现在吸收了100元存款，放出去贷款80元。假如银行存款储户去银行取钱，你总不能说，等等，我把贷款收回来给你吧。

贷存比越高，银行流动性越差，发生钱荒的概率越高。贷存比高对银行自身资产安全性，也留下巨大隐患。银行现在之所以还能发放贷款，主要的原因是商业银行不停地向央行借款，再转手给你，仅此。

其次，准备金是备不时之需，而非刺激经济万能解药。

早在2011年6月14日，大型商业银行存款准备金率高达21.5%，中小金融机构高达19.5%。其后，央行一路下调存款准备金率，到2020年1月初，分别调降至12.5%和10.5%。

9年间，存款准备金率锐减了9个百分点。然而，积极的货币政策，并未扭转经济下行趋势。期间，央行还创新了中短期和中长期借贷便利等货币发行工具，央行的资产负债表也与年暴增。

最新导致经济出现下滑原因，是中美贸易摩擦和疫情。加之长期税费负担过重，福耀玻璃创始人曹德旺对中美制造业成本，早已做过对比。除了人工成本低，现在的五险一金企业负担沉重，中国实体经济不堪重负，特别是民营企业生存艰难：一方面从民企收取高额税费；一方面对国企进行补贴，让民企如何跟国企竞争？

存款准备金本来就是央行用于金融系统不时之需，如果绝大多数放贷出去，一旦风吹草动，金融系统储备资金，就会捉襟见肘了。

最后，对症下药减税费才是良方。

近日，北大和清华联合等联合对 995 家中小企业受疫情影响的情况及诉求进行了调查，其中有一项调查"账上现金余额能维持企业生存的时间"，结果显示，85.01% 的企业最多维持 3 个月，只有 9.96% 的企业能维持 6 个月以上。

本来针对性很强的调查目的性很强，想调查融资问题，结果出乎他们自己的意料。

吞噬企业现金的主要压力：有近 63% 来自员工工资和五险一金，房租和还贷不到 14%。企业"对政府和金融机构的诉求"在降低税费占 21%；成本补贴占 50%。而这些大多跟金融企业能做的相去甚远。

调查显示：为渡过难关，22.43% 的企业计划减员降薪，21.23% 的企业准备贷款，16.20% 的企业选择停产歇业，13.58% 的企业股东自己增资，还有 10.16% 的企业选择民间借贷。当然，企业可能会同时采取多种途径渡过难关。

请注意：希望贷款渡过难关的只有二成。这些企业在货币政策极其宽松的环境下未能获得贷款，再次降准困难会有改变？

如果央行降准和实施宽松货币真的有效，经济至少持续增长 9 年了。货币政策很重要，但是，并非万能，特别是并非由货币政策导致经济下滑的前提下，实施宽松货币政策，依然是货不对板，头痛医脚。并且，会对通胀持续产生压力。

（发表于新浪财经意见领袖专栏）

降准远不及减免税

（2014 年 5 月 17 日）

最近，呼吁央行降低存款准备金率刺激经济增长的声调不绝于耳。在笔者看来这真是头疼医脚、自己无能打老婆。

打比方说， 现在有一大池子水（人民币尚未国际化属于封闭的池子），央行降准就等于朝这个池子注入新的水，国内通胀的压力陡增，居民手中的货币会贬值；如果政府减免税，等于在原有的池子中把属于政府池子里的水倒进纳税人的池子，那一大池子的水总量未变，不会引发通胀，却会焕发经济增长的活力。

再说，一方面，降准对于当下经济于事无补：法律上，银行贷存比接近 75% 法定红线，银行也不会去放款了，除非想违法；主观上，银行也不会情愿抱薪救火雪中送炭，全球银行都一样只会锦上添花；制度上，银行信贷终身追责，经济下滑放贷最容易形成呆账；客观上，利率持续走低表明实体经济信贷资金需求不旺。另一方面，财政收入在经济下滑的大背景下持续猛增，减免税存在巨大的空间和基础。

减免税的重点是中小企业、民营企业、个人所得税和股票印花税。

降准毫无意义，且无货币、信贷基础

尽管，此前笔者曾建议央行在推动利率市场化、放开存款利率之际可以考虑降准，以防止利率走高伤害实体经济；在对余额宝类货币基金实行存准管理之际可以对中小银行降准防止钱荒；在钱荒之际对四大行（银行同业拆出行）适当降准，四大行存款准备金率是所有银行中最高的。笔者的这些建议跟当下所谓的经济学家和官员们考虑的出发点完全不一样。现在，情况发生了变化。

最能反映市场化利率的就是余额宝类货币基金利率，其收益率从最高的年化收益率 7% 降到 6% 并持续很久，目前已经跌破 5%。这说明，市场上资金充裕。当余额宝类货币基金收益率降到 3%（跟央行规定的一年期定期存款利率接近）左右，央行可以考虑：在不降低存款准备金率的情况下放开存款利率管制，实现利率完全市场化。

货币也是特殊的商品，其价格就是利率。当货币供大于求的时候价格就低；当供不应求的时候利率就会上涨。

2014 年，央行，没有 2008 年后实施宽松货币的基础；银行，也没有推动大规模放贷的基础。

在国际金融危机爆发前，广义货币 M2 每年增幅大约控制在 15% 之内。危机爆发后，央行配合 4 万亿刺激计划，实施了极其宽松的货币政策，2009 年，M2 增速是正常年景的 2 倍，2010 年都没停下来，那两年 M2 增速分别是 27.7% 和 19.7%。到 2011 年后才收紧，之后 3 年 M2 增速每年都不超过 14%。

2005 年到 2009 年期间，人们对通胀的感受并不十分明显，主要是货币投放匀速；之后，明显感到物价飞涨，跟上述两年货币增速陡然增长相关。

2008 年底，我国 M2 余额为 47.5 万亿元；到 2014 年 3 月底，M2 为 116.1 万亿元，是那年的 2.444 倍。

中国的 M2 早已经是宇宙第一了，已经没有向上的动力了。

何况，存款准备金主要是对冲外汇占款的，也就是央行行长周小川所谓的池子。如果把这个池子的水倒进上述大池子，别忘记了，这个钱还有很高的货币乘数，央行放一点，会被商业银行放大，结果很可能出现滞涨——通货膨胀伴随经济下滑。

再说，银行要遵守《商业银行法》贷存比不得超过 75% 的规定，四大行中只有农业银行是 60%，其他 3 家都在 70%，再冲就违法了，很多中小银行已经处于违法之中了。

央行在每季度货币政策执行报告中，没有剔除政策性银行——国家开发银行、中国农业发展银行和国家进出口银行的贷款，这三大银行的资金来源以发债为主，不吸收公众存款，吸收部分单位存款，其放贷款不受《商业银行法》贷存比限制。

但统计口径一致。2008年底，全部金融机构（含政策性银行，下同）贷存比为66.9%；2009年贷存比为69.4%；到2014年3月底，贷存比高达71.4%。这时候如果降准，那就是鼓励银行违反《商业银行法》挑战75%法定底线。加上上述原因，银行也很难给处于艰难之中的中小企业放款，只会垒大户，最终走上国企、央企资金过多找不到出路高价买地皮，助推房价持续上涨的路子。

这个历史不能重演了。央行要坚决挺住！

财政要真积极，减免税有基础有空间

"我国从未真正实施过积极的财政政策，你啥时候真的见过大规模减免税？"一位退休的财经高官曾在一个论坛上公开调侃。这话有些极端，笔者还真见过，比如，免除农民的农业税。农业税在所有税收中占比非常低，但是，这个税收的废除意义非常重大，因为，搭车收费各类"三提五统"还有其他名目繁多的乱收费戛然而止了。

广大农民对中央废除农业税、种粮还有直接补贴（通过农业银行或农村信用社直接打到每户农民账上）的拥护是发自内心的，这个毋庸置疑。

现在，是时候考虑中产和工薪阶层了。

我们的个人所得税在税收中占比也是比较低的，大约只占6%；当初，设置这一税种的目的是避免收入两极分化。这一思路本身就有问题，这一点不在此篇讨论范围，暂且不提。

实际上，我们的个人所得税是工资税。征收对象绝大多数都是靠工资养家糊口的工薪阶层和中产阶层。真正的富人人家办厂、上市、风投、私募等，人家只拿股权，不拿工资，你根本收不到人家的个人所得税。明星大腕的出场费都是拿税后的，谁请谁垫付税款。

有提议按家庭征收个人所得税，得到的回应是："条件不成熟。"条件不成熟你咋收税了呢?

减免个人所得税是刺激经济增长最好的办法之一。有人担心工薪阶层工资增加了会带来通胀压力。这纯粹属于胡扯。那个水池的比喻已经很清楚了。这个税（货币）在政府手中依然会花掉，还会存在浪费甚至腐败，照样也会引发通胀。与其让政府花掉，不如让纳税人自己花掉。个人消费更能精准拉动经济成长，并且会拉动更多的行业。

可行的步骤是:

第一，直接冻结个人所得税。有人担心很多政策与纳税捆绑，比如购房购车，那就废除捆绑政策。有人担心房价会涨，那就涨，崩盘别砸售楼处就成。

第二，降低税率、简化等级。现在的个人所得税实在分类过多，税率过高。建议: 设置三个档次，月收入 3500 元到 10000 元象征性地征收 1 元或五毛，考虑第一个建议中的捆绑政策; 10001 到 30000 元征收 5% 到 10%; 30001 元以上按 15% 征收。

第三，先征收后返还。同样考虑到第一条，可以实施先征后返的形式。在支农款可以直接划拨到农民账户上的今天，这些没有技术上的难度。

减免个人所得税是除了农民之外工薪中产阶层欢欣鼓舞的大好事，少那么点税收得数千万民心。

废除或降低股票交易中的印花税，减轻股民负担。股市低迷了 7 年，没见有真正的救市动作; 楼市刚一有松动，各地政府赶紧救市。凭什么? 为什么?

减免中小企业各种税收，特别是各种乱收费一刀切掉。国家信息中心首席经济学家兼经济预测部主任范剑平在中国人民大学演讲时愤怒地表示: 中小企业都活不下去了，你们还雁过拔毛，贪得无厌，好意思吗?

据中国之声《全国新闻联播》报道，财政部数据显示，4 月份，全国财政收入 12481 亿元，比去年同期增长 9.2%，个人所得税 4 月份同比增长 12.5%。1—4 月累计全国财政收入同比增长 9.3%，明显高于经济增速。

将来，财政政策和货币政策必然有以下几个动作:

财政、货币政策不变。结果还可以接受。

降准，不减免税。属于耍流氓。

不降准，减免税。可能是痴人说梦，感谢……

降准，减免税。经济可能真不妙了。

要是出现加税情况，那我就不好意思评论了。

（作者注：一个月后，减税真的来了，不过，遗憾的是，并未迎来对个税和中小企业的减免税，是对公用单位的企业减免税，采纳了第二部分的合并税负和降低税率。虽不满意，只能接受了。）

向农商行降准真实原因

（2014 年 4 月 25 日）

摘要：农商行定向降准也许是支农的一部分，更是为防止县一级地方融资平台发生违约的一部分，也是防止农村商业银行发生钱荒的一部分。这是因为，国有银行和股份制银行在县域基本没有平台贷款，农村信用社一般属于省联社直管。融资重任一般落在县级农村商业银行身上，这也是为什么为其单独大幅下调存款准备金率的深层原因。

4 月 22 日下午收市后，中国人民银行发布下调县域农村商业银行和农村合作银行存款准备金率的消息。决定从 2014 年 4 月 25 日起下调县域农村商业银行人民币存款准备金率 2 个百分点，下调县域农村合作银行人民币存款准备金率 0.5 个百分点。

如果真如央行公告中所言，为贯彻国务院常务会议关于支农和建议降准的精神，那么属于微刺激的一部分，也是央行一贯强调的有保有压的一部分。然而，种种迹象表明，这更是为防止县一级地方融资平台发生违约的一部分，也是防止农村商业银行发生钱荒的一部分。这是因为，国有银行和股份制银行在县域基本没有平台贷款，农村信用社一般属于省联社直管。融资重任一般落在县级农村商业银行身上，这也是为什么为其单独大幅下调存款准备金率的深层原因。

不对称的微刺激

在 4 月中旬，国务院常务会议罕见地建议央行下调县域农村商业银行和农村合作银行存款准备金率。更早之前，某地农村商业银行曾因各种原因发生过挤兑事件。

当天的公告相当有意思，央行说："与设立在城市的农村商业银行和农村合作银行相比，法人在县域的农村商业银行和农村合作银行涉农贷款比例较高，支农力度更大。"

既然这样，央行为什么不给农村信用社下调存款准备金率？肤浅的理解是，国务院常务会议没要求。

深入研究会发现，自 2003 年周小川接任行长以来，央行上调存款准备金率多次但未上调农村信用社和农村合作银行的存款准备金率，农村信用社和农村合作银行存款准备金率要比国有商业银行低 6 个百分点左右。

而农村商业银行和其他中小金融机构一样，每次未获特殊政策优惠。所以，央行对农村商业银行降准的幅度史无前例地直接下调了 2 个百分点，释放农村商业银行信贷规模大约 1000 亿元人民币。

因为是国务院常务会议建议，央行象征性地将农村合作银行的存款准备金率下调了 0.5 个百分点。

想必建议的时候不了解，农村信用社跟农村合作银行本来存款准备金率基本接近，均处于相对非常低的位置。

央行表示：此次对相关县域农村金融机构准备金率进行调整是人民银行进一步激励和引导信贷资源流向"三农"和县域的举措，与 2010 年出台的一定比例存款投放当地优惠政策叠加执行，即调整后县域农商行、农合行分别执行 16% 和 14% 的准备金率，其中一定比例存款投放当地考核达标的县域农商行、农合行分别执行 15% 和 13% 的准备金率。

周小川之前的央行行长戴相龙首开对农村信用社发放支农再贷款的先河。至今，央行一直沿用这一政策。央行始终对县域农村金融机构优惠有加。

一箭双雕：支农防违约

据称是前财政部部长项怀诚说的段子：有人形容说目前的财税体制是"中央财政喜气洋洋，省级财政勉勉强强，地市财政拆了东墙补西墙，县级财政哭爹叫娘"。

这是下调县域农村商业银行存款准备金率的一个不便公开说的原因。当前，三四线城市房价下跌基本成为共识，而县级财政最重要的来源是土地出让金。

李克强总理在今年"两会"后答记者问的时候明确表示，"对金融和债务风险我们一直高度关注，去年在经济下行压力加大的情况下，我们果断决定全面审计政府性债务问题，这本身表明要勇于面对。审计的结果如实对外公布，表明债务风险是总体可控的，而且政府的债务率还在国际公认的警戒线以下。很多债务还是投资性的，但我们不能忽视其中存在的风险，正在加强规范性措施。下一步，包括采取逐步纳入预算管理，开正门、堵偏门，规范融资平台等措施。"他还明确表示，作为总理他不愿看到违约事件发生。

而部分经济学家认为，今年肯定会出现违约情况。

审计署公开的数据显示，截至 2013 年 6 月底，地方政府性债务（政府负有偿还责任的债务 + 负有担保责任的债务 + 可能承担一定救助责任的债务）余额为 17.89 万亿元。从 2010 年到 2013 年 6 月，省级、市级政府债务年均增长率分别为 21.21% 和 19.57%，略低于地方政府性债务的平均增速；而县级政府债务年均增长率达 25.75%，高于地方政府性债务平均增速 3 个百分点。截至 2013 年 6 月底地方政府性债务中，市级、县级政府债务分别占 40.75% 和 28.18%。

特别是在房价下跌、资金趋紧、人民币加速对美元贬值的情况下，县域地方融资平台是最有可能出现违约的。

下调县域农村商业银行和农村合作银行存款准备金率一方面可以起到支持县域经济发展的目的，另一方面，可以直接起到防止地方融资平台出现违约甚至崩盘的部分效果。

为什么是农商行

这次降准，受益最大的是农村商业银行。这跟农村金融体制改革密切相关。

在国务院制定的农村信用社改革方案中有合作制（即以县为单位，将以往的二级法人统一为一级法人，或维持二级法人现状）、股份合作制（即合作银行）和股份制（即农村商业银行）三种形式供农村信用社自主选择，银监会推崇的是前两种模式。央行和财政部亦对前两种模式进行过大力扶持。

保持统一法人的农村信用社或者农村合作银行，都接受省联社直接管理，在局部发生风险状况下，省联社甚至可以调配资源缓解危机。

央行多次上调存款准备金率时都未涉及农村信用社和农村合作银行，但农村商业银行与其他股份制银行和城市商业银行一样没有得到特殊优惠。

财政部多次下文对农村信用社、农村合作银行所得税和营业税进行减免。

上述优惠政策，农村商业银行均没享受到。

更致命的是，农村商业银行相对于省联社有更大的独立性，农村合作银行和农村信用社相对于地方政府有更大的独立性。农村商业银行跟当地政府联系更紧密，因为当地财政部门或者当地政府企业多是农村商业银行的大股东。

也鉴于此，农村信用社和农村合作银行对是否支持地方融资平台拥有更大的自主权。在农村信用社和农村合作银行出现流动性风险之际，央行可以发放紧急支农再贷款，省联社也可以协调调配资金帮其度过危机。而农商行依托的当地政府显然没有这个能力。

五大国有商业银行中农工建交在县域的机构一般只吸收存款不发放贷款，即便发放贷款也不放在地方融资平台，股份制商业银行民生、光大、中信、招商等在很多地方县域并无机构，更不会投向县域地方融资平台。

银监会创新型的农村金融机构资金合作社、小贷公司、村镇银行，规模相对较小，无法满足地方融资平台要求。再说，这些机构也不会贷向地方融资平台。

这样，农商行就成了县域地方融资平台最后的希望与可能。这也是央行单独大幅下调农村商业银行存款准备金率的真实原因，如果仅仅考虑支农，那么更应该下调农村信用社的存款准备金率。

建议贷款转入 LPR 步入降息周期

（2020 年 3 月 5 日）

3 月 3 日，美国联邦储备委员会宣布降息 50 个基点，至 1%~1.25%。这是美联储在七国集团财长和央行行长会议后作出的紧急决定。次日，实行联系汇率制度的香港也宣布降息 50 个基点。很多人还在纠结中国人民银行是不是会跟进，事实上，中国人民银行早在贷款利率上实行了降息，属于启动了不对称降息，存款利率降低料会启动。

3 月 1 日，多家银行发布公告，自即日起启动个人存量浮动利率贷款定价基准转换为 LPR 的工作（简称"LPR 转换"）。

按照中国人民银行公告〔2019〕第 30 号，LPR 转换原则上应在 8 月 31 日前完成。由于个人存量浮动利率贷款以住房贷款为主，所以广大房贷一族将在未来半年内面对一道选择题——房贷合同选择"固定利率"还是"LPR 加点"？回答机会只有一次，选择结果则关系到未来房贷利息支出多少。简单理解是：如果认为贷款存续期内平均贷款利率上行的概率大，就应选择"固定利率"，反之则应选择"LPR 加点"。

我个人建议大家转换成 LPR 利率，最主要的依据是，中国货币政策进入降息周期。主要原因有以下几个方面。

第一，中国面临通胀和经济下行双重压力，加息可以抑制通胀，但是会阻碍经济发展；降息可以拉动经济增长但是会对通胀产生压力，然而，央行会选择降息。滞胀压力是很特殊的经济现象，一般来说，经济下行会出现通缩；只有经济过热的时候才会发生通货膨胀。在经济下滑中伴随通胀是非常罕见的现象，这种现象少见也会发生。比如，二十世纪七八十年代的美国，由于石油价格飙升，制造业外迁，日本物美价廉商品进入，造成美国经济下滑与通胀严重，形成严重的滞胀。一方面，美联储不顾当时的总统里根的反对将利率提高到10%以上。同时，里根推行了减税政策——主导者就是特朗普的经济顾问拉斐尔，他在特朗普执政初期设计主导了现在美国的减税制度；另一方面，美国跟日本和西欧主要经济体签署《广场协议》——当时里根的副贸易代表莱特希泽是现在负责中美贸易谈判的首席代表，迫使日本本币升值和进口美国汽车等，里根的政策成功让美国解决了滞胀问题，并为日后经济起飞奠定了根基。

在滞胀压力之下，任何国家央行都会面临行政当局巨大的降息压力，确保经济增长是优先考虑，通胀并不是。虽然，中国减税已有行动，但是，不能对减税期望过高。剩下的只有降息一条路可走了。

第二，中国通胀是结构性、季节性和偶发性，加息并不能有效遏制。本轮通胀主要由猪肉涨价引发，拉动食品和农副产品价格上涨；春节期间由于交通不畅，企业大面积停工造成供给不足。这些问题政策加息完全不能解决。当然，降息更不能解决。不过，降息可以缓解企业融资成本过高，拉动投资与刺激消费、缓解人民币升值压力。由于实施了高速公路临时免交过路费，加之道路畅通后，疫情稳定开工恢复生产，特殊原因造成的通胀会得到缓解。中国一直存在产能过剩而非不足，物价持续上涨导致严重的恶性通胀的基础并不存在。

第三，贷款事实上已经进入降息周期，最终会导致存款利率下调。LPR利率每次调整只有10个基点左右，持续几个月下调。由于贷款利率持续下调，为保持商业银行存贷利差与盈利，让商业银行有放贷款积极性，央行降低存款基准利率是极有可能的。美国和西方主要经济体进入降息周期，中美存款利率倒挂，中国人民银行有下调25个基点可能，以保持与美国存款利率水平一致，从而保持汇率稳定性。

现有存款基准利率与LPR贷款利率有200多个基点利差，贷款利率依然有较大的下调空间，如果存款基准利率下调，商业银行LPR利率将进入较长时期的下降周期。

第四，时间窗口选择。美联储自次贷危机以来首次选择在议息会议期间宣布，并且，在收市之前宣布降息，事后看来并非良策。美国股市在美联储宣布降息后暴涨，随后依然暴跌。有个段子很能反映当时金融市场的心态：美股就好像突发高烧40度的孩子，"央妈"美联储突然对他说："我给你一大笔钱，孩子你想买啥就买啥吧，让自己高兴起来。"孩子一想："她突然对我这么好，我不会得了癌症吧？"中国人民银行货币政策调整一般选择在周末进行，偶有突发事件发生，只是在开市之前宣布，记忆中没有过在金融市场交易之中宣布的。中国人民银行会不会跟进美联储降息，贷款方面是肯定会跟进的，随着美联储降息周期到来，降低存款基准利率是大概率事件。

（发表于新浪财经意见领袖专栏）

支持中国央行降息的九个理由

（2014年6月7日）

欧洲央行降息了，并且太狠了，直接降到负数，中国一年期存款与之相比有三个百分点以上的利差。如果真有国际游资存在，到中国真是个不错的出路。

此刻，中国央行如果选择降息至少可以找到九个理由。

6月2日晚上九点半，笔者在微博上发了一条含标点7个字的微博"我感觉要降息"。6月5日晚，欧洲央行宣布降息，欧洲进入负利率时代。预测成习惯，有时候感觉也很重要，那天本来是预测中国会降息的，结果欧洲降息了。很多人对欧洲隔夜存款利率变为负数还是很意外的，包括我。

不仅是降息，欧洲央行还推行了量化宽松政策，等于从货币供应量和价格两方面同时宽松，的确有些猛。那么中国央行该不该降息？该不该量化宽松或者降准？笔者多次撰文论述了在当前贷存比限制下降准意义不大，何况还有资本充足率限制。中国央行降息的条件还是很充分的。

第一，CPI下滑为降息提供了空间。4月CPI同比增长1.8%，如果5月CPI继续保持在2%左右，央行降息就有比较充分的理由了。

第二，随着反腐力度和广度的拓展，各行业深入反腐，物价进一步下降是可以看得到的，关于这一点本人也多次论述。

第三，欧洲降息，人民币对欧元升值压力徒增。为保持前期人民币合理地对外贬值成功，中国央行有必要跟进降息。在主要经济体中美日利率接近于零利率，欧洲央行执行负利率，中国一年期定期存款利率为3%，还可以上浮10%。中国央行和欧洲央行有过共同采取利率行动的历史，据信是彼此有良好的沟通机制。早在2011年4月和7月6日，欧洲央行和中国人民银行几乎同时加息0.25个百分点，那也是中国央行首次放弃调整0.27%的幅度，采用国际通用的25个基点。如果中欧联合行动，应该在统计局数据公布前后，中国央行有可能决定是否降息。

第四，防止经济下滑的必要措施。为防止经济进一步下滑、地方融资平台违约和房价下滑而导致硬着陆，央行降息是必要的。

第五，落实降低企业融资成本的要求。前不久国务院办公厅要求减少环节，避免层层加码，切实降低企业融资成本。银监会已经着手落实，安排部署严查银行表内业务表外化，打击影子银行等。这些措施都需要时间，效果也有待观察。央行降息无疑是个快捷有效的路径。

第六，刺激消费。如果配套适当的减税措施，效果会更好。

第七，利率市场化需要。按照国际经验，利率市场化初期，存款利率一般都会飙升。按照这一规律，央行在利率市场化之前应该拉低法定存款利率，引导市场利率向下。在放开利率管制后，不至于让利率冲高至贷款的企业和个人无法承受的地步。

第八，降息让本币继续贬值，特别是保持对美元贬值。这样以美元计价的大宗商品、能源等价格也会回落到合理区间，从而降低中国输入性通胀压力。

第九，防止国际游资大进大出的需要。如本文开头所述，鉴于中国是主要经济体中利率最高的，国际游资大举进入中国在所难免；同样鉴于人民币本币利率较高，还存在对外升值的压力，而外资进入中国，央行必须发行基础货币收购，这又增加了人民币对内通胀贬值的压力。

当然，中国央行也许会有顾虑，特别是采用降息这种价格型货币政策工具，各国央行最重要的职责是反通胀，而不是保增长。但是，自金融危机爆发以来，各国央行都打破了这一传统，自我放弃保持很久的独立性。

央行的第二顾虑是，短期内的物价指数下调不代表形成下降趋势。但是，随着反腐的深入，物价继续下滑基本是铁定的趋势。

假如央行降息，房贷利率会不会下降？从而导致购房需求增加，最终又拉高房价。有经济学家研究的成果是，房价与广义货币 M2 单向正相关，即：M2 增长可以带动房价上涨；房价上涨不一定带动 M2 增长，房贷利率高低跟房价没有关联。

中国现行的法律规定，央行不可能购买国债。推动量化宽松政策，降准看起来很猛，但没用，也不符合中国央行货币扩充规律。央票、再贷款和央行创新性货币政策工具也已用了很多。

或许，跟着主要经济体降息未必不是一个出路。

（作者注：中国人民银行 2014 年 11 月 21 日宣布，自 2014 年 11 月 22 日起下调金融机构人民币贷款和存款基准利率。）

央行 SLF 的一枪五鸟，不降存款利率的降息

（2014 年 9 月 17 日）

  9 月 16 日晚间，市场上传出央行向五大国有商业银行提供 5000 亿元人民币 SLF（常备借贷便利，央行 2013 年启用的货币政策工具之一），随后获得金融机构确认，央行没有否认。

  央行的这一举动被市场低估了，股市也反应平淡，如果说这一举动可以创造 2.16 万亿（根据二季度货币乘数 4.32）广义货币 M2，也许反应就不一样了。央行这一举动的主要原因和作用至少有五层意思：通过五大行借款主动发行基础货币以取代以外汇储备增加而提供相应的基础货币；舒缓五大行放贷能力不足；刺激银行放贷支持实体经济；M2 增幅放缓下定向刺激避免出现通缩；降低了央行宏观调控成本。

  首先，降低存款准备金率对央行来说是负债操作，存款准备金对商业银行来说是资产，对央行来说是负债，负债就得付息，目前对存款准备金央行要向商业银行付息 1.62%，如果央行降低存款准备金率，商业银行如果不放贷款还可以依旧存入央行，央行依然要付超额存款准备金的利息。不是所有银行都会对存款准备金敏感。降低存款准备金率不一定能刺激银行放贷，也许银行会玩同业业务，无风险套利，去年所谓的钱荒就是这么被银行玩坏了的。

  SLF 虽然也是货币政策工具，但是，这是央行用资产进行操作，对商业银行来说 SLF 是负债，这样的操作是商业银行向央行支付利息。有一家券商分析师

分析："14天正回购利率是 3.7%，这是央行收钱的成本。而 SLF 是央行放钱的收益，理论上收益应该大于成本，所以 3 个月 SLF 利率应该高于 3.7%。"目前，SHIBOR 两周利率为 3.52%，3 个月的为 4.63%，如果拆 3 个月还是可以套利的，这样可以缓解中小银行资金紧张。

显然，央行希望商业银行放款，贷款利率大约在 7% 甚至更高。不管怎样，央行进行资产操作是可以赚到钱的，负债操作成本较高。而较高利率可以迫使商业银行投放贷款到实体经济中，如果在借贷之际，央行辅以"窗口指导"，那商业银行就只能放贷或借给其他中小银行了，五大国有商业银行毕竟是"二央行"，"央妈"的话还是得听的。

其次，可以直接缓解国有商业银行放贷能力不足问题。7 月新增贷款 3852 亿元人民币，这让很多分析师大跌眼镜，比他们"预期"的少了一半（尽管符合我的预期）；8 月恢复到 7025 亿元，但是增幅还是下降的；据报道，四大行（工商银行、建设银行、农业银行、中国银行，不包括交通银行）新增贷款 2471 亿元，只占新增贷款总量的 35%，而正常年景，四大行新增贷款一般占一半左右。

出现这种情况，倒不是因为各位调侃的国有银行是"央妈"的亲儿子的原因，而是国有商业银行是银行间传统的拆出银行，国有银行是名副其实的第二央行，第二央行缺水，央行为稳定市场注入流动性是天经地义的事情了。

再次，外汇占款减少，央行主动投放货币，货币政策更趋主动性。央行数据显示：8 月份金融机构外汇占款环比减少 311.46 亿元人民币。外汇管理局 9 月 16 日公布的数据表明，8 月份银行结售汇逆差 51 亿元人民币，境内银行代客涉外收付款逆差 752 亿元人民币。与此同时，我国近几个月外贸顺差连创历史新高。这些数据说明，短期资本可能正在通过资本项目流出国内。随着国内资本回报率的下降以及美联储货币政策的转紧甚至加息，资本净流出将成为趋势。二季度，虽然我国经常项目顺差 4879 亿元人民币，但资本与金融项目逆差达 2237 亿元。资本外流或是近期外汇占款持续下降的主要原因。

前几年，由于外汇占款逐月上升，贸易顺差和对大陆投资递增，央行不得不投放基础货币，购买不断流入的外汇。现在，尽管贸易顺差尚在，外汇局已经不强制结售汇，加之，各种原因中国投资海外，中国人力成本和其他原因导致外资撤出，移民、留学、旅游和贪腐资金外流都导致用人民币换取外汇需求增加。

在此背景下，央行过去依靠外汇增加投放基础货币的根基逐渐动摇了，于是央行创新了很多基础货币投放工具，SLF便是其中之一。

这种工具有几个好处：第一，央行完全掌握货币政策主动权，不会被外汇占款牵着鼻子走；第二，方便快捷；第三，我以小人之心度"央妈"之腹了，央行降低了操作成本，替财政部赚点钱，据报财政收入在上月出现大幅回落了，地也不好卖了，乱收费也不敢了。

看到一家很大的通讯社有评论说，谁嚷嚷着降息就是对改革的不信任，把我吓一跳，今年，我建议过降息，还是两次，每建议一次欧洲央行就降一次，都降成负的了。希望不是吓唬我的，我胆儿小。

跟上述券商分析的相反，也有分析师语气肯定地说，5000亿元借款利率超低。自从央行不分析数据后，各路分析师都纷纷出来冒充权威，那我就假设一下这位分析师仁兄是对的，借款利率远远低于3.7%，甚至比准备金利率低。那么，央行实际上就是定向五大行降息，五大行总不会拿着这么低的利率去放高利贷吧？尽管不知道国有商业银行身上是否流淌着道德的血液，但是，"央妈"在给五大行借款的时候，必然有叮嘱。

更早前，央行对农村金融机构和给小微企业放款的商业银行提供了再贷款，利率也很低。如果央行再对被提供贷款的银行金融机构进行了"窗口指导"，那么，这些银行是不敢冒天下之大不韪抬高支农和小微企业贷款利率的。

我得声明下，我今年以来一直认为，降准不如降息，这两样加起来不如减税。在减税如抽丝的情况下，降准特别是全面降准我是坚决反对的，降息和以各种方式变相降息，比如央行对资产性业务进行货币政策调控，比如对商业银行SLF的时候，要降低利率，辅之以"窗口指导"不让商业银行提高贷款利率，一样可以起到降息作用，在不降低存款利率的前提下，完成不对称降息，企业贷款利率降低了。这样，存款户高兴，企业也高兴，就是央行少赚了点。

我其实是非常支持改革的。尽管我也主张过降息，降息并不一定要降低现行的存款利率，那是看得到的大招。央行如果再贷款，向银行提供各种借款的时候降低利率，并让银行"谨遵医嘱"，贷款利率实际下降是完全可能的。

　　央行在不降存款利率的情况下，让贷款利率下降了，其资产性货币政策调控本身就是创新；所谓的改革其中包括创新，难道央行的这种降息模式创新，就是对改革的不信任？我糊涂了。经济评论就事论事，别扣帽子好吧？

　　（作者注：在本文发表当晚，有关方面宣布：在现行对月销售额不超过2万元的小微企业、个体工商户和其他个人暂免征收增值税、营业税的基础上，从今年10月1日至2015年底，将月销售额2~3万元的也纳入暂免征税范围。也就是说把减免的额度从月收入2万元扩大到月收入3万元，一方面再次印证了我的减税很难的观点；另一方面，减税毕竟是好事，值得鼓励，希望能进一步扩大范围，让更多的小微企业从中受益。）

燃油税销蚀积极货币政策，消极财税政策影响极大

（2015 年 1 月 22 日）

任何一个国家或地区面对经济下滑，一般都会采取积极的财政政策和宽松的货币政策配套使用，至少启用一方，但另一方不能拖后腿。从过去的一年多来看，央行实施的货币政策虽名为"稳健"，实为积极宽松，财政政策口号是"积极"实为稳健甚至是消极的。

石油价格的重要性众所周知，石油价格的下跌对经济增长的意义也是显而易见的。1 月 17 日，中国人民银行研究局首席经济学家马骏在和讯财经年会上介绍说："我们用 CGE（一般均衡）模型的估算结果是，如果年均油价降低 10%，我国年均实际 GDP 增速可因此提高 0.12 个百分点。"马骏先生的模型显然没有计算油价下跌后，财政部三次提高了燃油消费税，汽油消费税从 1 元 / 升提高至 1.52元 / 升，柴油消费税从 0.8 元 / 升提高至 1.2 元 / 升。

这样，石油价格虽然下跌，但是，加上税收，油价跌幅有限。加税无论在哪个国家都是严重的财政紧缩政策，势必让积极的货币政策大打折扣，更致命的是，极大压缩了货币政策空间。

消费税走向消极

关于三次加税的讨论很多，有法律专家和经济学家比如马光远等从程序角度

指出财政部一个部门就决定加税而不通过立法机构，而财政部门相关专家也做出了回应。网上打赌和段子漫天飞，反映出民众的无奈和讥讽。

然而，回归财政和货币政策层面，燃油税对货币政策的销蚀作用讨论很少，对于影响经济增长的讨论更少。

1月20日，国家统计局公布的数据显示，2014年我国国内生产总值（GDP）636463亿元，按可比价格计算，比2013年增长7.4%，增速创下近24年新低。其中，第四季度增长7.3%，增速虽较上一季度持平，但是环比增长仅为1.5%，较上一季度减慢0.4个百分点，且连续第二个季度放缓。

经济界对经济放缓达成共识，高层也对这种局面有所认识，并提出了"新常态"一说。

自2014年以来，本人多篇文章提出"降准不如降息，降准和降息加起来不如减税"观点，遗憾的是，不仅未出现大范围大幅度减税，相反，比如在燃油消费税上出现了大幅度加税情况。

事实上，我们执行了一项积极的货币政策和消极的财政政策。货币政策向前跑，财政政策向后拉。燃油税也许收不了很多钱，但是，其对油价起到不降价的作用，其杠杆效应需要翻倍考量，其对中国经济和货币政策的影响十分巨大。

从来没有国家一方面采取宽松货币政策，另一方面采取消极的财政政策。

对货币政策与经济的伤害

简单来说，大幅度提高燃油税从以下几方面对货币政策和经济产生影响：首先，燃油税增加会大幅提高物价，影响CPI增长；其次，物价上涨影响货币政策进一步宽松，或者说制约了货币政策放宽，因为，央行必然在实施宽松货币政策时要顾虑物价上涨，抑制通胀是任何央行的第一位的、天然的职责；第三，事实上的高油价对油价下跌带来潜在的经济增长彻底抵消。

笔者多次撰文说过，油价对物价和CPI影响作用巨大，国际油价的大幅下跌为央行实施宽松的货币政策提供了空间和可能，而燃油税的大幅提升销蚀了这一空间。

在和讯的财经年会上，马骏先生引用很多国际研究成果，他介绍说，国际上相关文献所研究的主要是油价上升对产出的影响，而不是油价下降的影响。从理论上讲，油价上升主要通过三个渠道降低产出。一是油价上升推高生产成本，较高的成本导致最优产出的下降；二是油价上升抑制消费（如抑制对汽车的消费，并挤出其他消费），从而导致总需求下降并负面影响产出；三是油价上升推高通胀，导致货币政策紧缩，总需求和产出因此下降。至于哪个渠道更为重要，相关研究没有给出一致的结论。针对不同国家和不同时段的数据所做的实证研究表明，在油价上升的背景下，由于紧缩性货币政策导致的产出变化对产出总变化的贡献在 30%~75% 之间。

关于油价下降对经济的好处，西方学者的注意力主要集中于对消费的提升作用。比如，近半年的油价下跌对普通的美国驾车者来说，省下了每年 500 美元的汽油费，对消费的刺激相当于工资上涨 1%。对德国的普通驾车者来说，每年也可省下 200~300 欧元的汽油费用于其他消费。对消费者来说，油价下跌相当于减税或补贴对消费的刺激，会从需求面拉动产出。

许多经济学家认为，油价下跌虽然会通过多种途径提升产出水平，但影响的效果与油价上升相比具有不对称性，即油价上升对产出的负面冲击要大于油价下降对产出的正面影响。对这种不对称性的解释至少有两种说法：一是认为价格、工资的黏性有不对称性，即工资、价格上涨比较容易，但下降比较难，因此油价下降通过价格影响产出的效果相对于油价上升来得更小。二是认为货币政策的反应具有不对称性，即由于多数老百姓对通胀十分厌恶，但对通缩的反应则比较不明显，所以油价上涨更容易导致紧缩货币的政治压力，而油价下跌引致的松动货币政策的压力相对小一些。

关于油价上升对实际 GDP 的影响幅度，Jimenez–Rodriguez 和 Sanchez（2005）的研究显示，如果油价上升 10%，美国实际 GDP 增速会降低 0.3~0.6 个百分点，欧元区 GDP 增速则会下降 0.1~0.3 个百分点。关于油价下跌对产出影响的幅度，最近瑞士银行的研究报告估计，如果油价下跌 15%，全球 GDP 增速可提高 0.25 个百分点。世界银行最近的报告也表明，由于供给原因导致的油价下跌 30% 可以提升 2015 年全球经济增速约 0.5 个百分点。

现在，我们的财税部门正在制造和阻止油价下降，油价下降的好处中国享受不到或者说大打折扣；油价上涨的坏处必将陆续到来。

高油价必然导致通胀

前面已有论述，马骏介绍，油价变化对通胀（CPI、PPI 的变化率）的影响渠道至少有三种。首先，汽油、柴油等油品本身就是 CPI 和 PPI 的组成部分，油价下跌会直接影响这些价格指数；其次，油价的变化会逐步影响石化、交通运输业等行业的产出价格，并在更长的时滞后，通过投入产出关系影响几乎所有产品和服务的价格。因此，如果油价的变化是永久性的，它不但会在短期内影响整体通胀（也译为标题通胀，即 headline inflation），最终还会影响核心通胀（剔除食品、石油价格影响后的通胀水平）；第三，油价变化可能会影响通胀预期，而预期会在一定程度上起到"加速"油价向核心通胀传导的作用。

IMF 用 MULTIMOD 模型对油价上升如何影响发达国家的消费价格进行了分析。结果显示，如果油价永久性上涨 50%，会提高美国和欧洲的年度 CPI 涨幅 1.3 个百分点。世界银行最近的研究指出，10% 的永久性油价上涨在其效果高峰时将导致全球 CPI 涨幅提高 0.3 个百分点，而 30% 的永久性油价下跌则将使全球 CPI 涨幅降低 0.4~0.9 个百分点。

根据马骏的方法研究，他介绍，关于油价变化对 CPI 涨幅的影响，可以用三种办法进行估计：统计（指数权重）法、CGE 模拟方法、计量回归方法。其中，统计法直接采用 CPI 中成品油的权重估算，CGE 方法将油价下降作为外生变量冲击引入一般均衡方程组体系进行求解，计量方法则构建了油价、产出缺口、食品价格等变量对 CPI 的解释方程。统计法由于无法考虑到原油价格向各种中间和最终产品的传导，会低估对 CPI 的影响，所以只能作为参考。除了这三种方法之外，也有学者使用投入产出表的方法，但由于投入产出表的方法只考虑上游产业向下游的价格传导，没有考虑到需求变动、工资以及盈利等因素对价格的反映，该方法倾向于明显高估油价变动对 CPI 的影响。根据 CGE 和计量方法的结果，如果年均油价下降 10%，我国年均 CPI 涨幅会下降 0.2~0.3 个百分点。

"我们用 CGE 模型的估算结果是，如果年均油价降低 10%，我国年均实际 GDP 增速可因此提高 0.12 个百分点。世界银行最近的估计是，油价下跌 10% 对中国 GDP 的影响为 0.1%~0.2%，这个结论与我们的判断基本吻合。油价下跌对我国 GDP 的影响比其他一些国家小的原因之一是石油占我国全部能源消费的比重不到 20%。"马骏表示。

马骏关于国际油价的变化对中国的影响已经考虑到了特殊情况，并打了折扣，然而，中国经济无法从国际油价中受益和对货币政策空间的压缩是不争的事实。

（本文发表于《华夏时报》，后此文被批转至财税部门，之后未见降低油价加税情况）

央行放弃外汇占款发钞锚　理想的财政货币政策组合：减免税费＋对外贬值

（2015 年 2 月 11 日）

央行正式承认放弃根据外汇占款发行货币这个锚。货币积极主动亦有无奈。早已定调的 2015 年财政货币政策是：继续实施积极的财政政策和稳健的货币政策。而过去一年到目前为止一直在实施积极宽松的货币政策和稳健且趋于保守的财政政策，结果会导致央行货币政策发挥到极致也很难解决根本问题。

之前，笔者曾多次用"池子的水"解释降准与减免税现象。现在，换个说法，很多读者是股民，那就用送股与分红做个比喻吧。降准和降息如同股票中的送股；减免税如同股票中的派息。比如你手中的一只股票价格是 20 元每股，10 送 10 后，你的股票多了一倍，但价格变成了每股 10 元；假如是每股送 10 元现金，那么你的账户上就多了很多现金。

现在，新的数据公布出来了，很多声音施压央行降息降准，就如同股民呼吁送股——你股票多了但是价格却降了；相反，呼吁现金分红的声音却很少。央行已经非常努力——你们何必还苦苦相逼？不停地喊央行放水："让我的钱贬值吧，求你了！"傻不傻、累不累啊！

CPI 下跌非通缩，物价基数依旧很高

不久前国家统计局公布数据显示，2015 年 1 月，消费者物价指数（CPI）同

比上涨 0.8%，涨幅较上月回落 0.7 个百分点，创 5 年多新低。统计局表示，食品价格回落是 CPI 同比较低的主要原因。

除了这个原因，十八大之后持续高压态势反腐，对物价的下跌也起到了很重要的作用，本人早在 2013 年初专门论述和预测到了这一趋势。如果反腐进入制度化、全面化和持久化，物价的大幅下跌依然会持续。

上述文章已经详细论述过，中国产生通胀的原因主要在于贪腐以及垄断造成很高的成本，现在反贪腐取得了一些明显效果，物价的下跌属于——至少在我看来是正常的。更何况现在反垄断也在大肆展开，一些垄断行业坚冰逐步被打破。

前述文章也分析了造成通胀的另一主要原因——输入型通胀。由于中国发展速度很快，对石油、大宗商品等进口较多，成为最大进口国之一。前几年，国际油价和大宗商品铁矿石等价格高企，造成中国进口基本原材料价格居高不下，从而带动下游商品价格上扬。

现在，情况发生了变化。首先，国际原油价格在 2014 年下半年出现腰斩，并一直在每桶 50 美元以下徘徊。铜、铝、铅等，还有铁矿石都出现大幅度下跌。这样，输入型通胀压力得到很大缓解，这也是造成 PPI 迅速下跌的一个重要原因。

2013 年那篇文章中提到的，造成当时中国通胀的原因逐渐发生了变化，物价出现了下跌也就水到渠成了。

在我看来，现在物价还不够低，不信你上街买买东西试试，降点儿物价不是很好么？物价上涨的时候大骂央行，物价下跌的时候拼命呼吁央行放水，这不是脑子有问题是什么？何况物价的下降有春节时间错配等原因，即便出现负值也不能证明通货紧缩，是你大脑紧缩了。

央行放弃外汇占款这个锚

尽管从存款准备金率和利率上看，自然有下调的空间，但是，货币政策的局限性是显而易见的。尽管定性央行"稳健"的货币政策，但是，央行在过去的一年多一直实施的是积极的货币政策。现在的问题不是融资难和融资贵的问题，而是企业不愿贷款扩大规模，究其原因，有成本高利润低的原因，更重要的是企业不堪重负：税收和各种费用太高了。

2月10日，央行发布了"2014年四季度货币政策和执行报告"，解释了货币政策和下半年货币增速放缓的原因，并觉得是合理的。央行认为："2014年下半年以来，货币增速有所放缓，主要与经济结构调整步伐加快、表外融资收缩、监管措施强化以及国际收支变化有关。当前M2增速仍高出名义GDP增速3个百分点左右，可以满足实体经济的有效需求。"

2014年末，基础货币余额为29.4万亿元，同比增长8.5%，增速比上年末高1.1个百分点，比年初增加2.3万亿元。货币乘数为4.18，比上年末高0.1。2014年，基础货币供给渠道发生了变化，中央银行货币政策工具（包括公开市场操作、再贷款、再贴现和其他流动性支持工具）取代外汇占款成为基础货币供给的主渠道。全年央行货币政策工具供给基础货币约2万亿元，同比多增2.1万亿元；外汇占款供给基础货币约6400亿元，同比少增2.1万亿元。

这表明，在2014年之前，根据外汇占款发行基础货币的锚被央行彻底抛弃，而是根据中国经济发展状况主动创新发行货币。

我为什么在过去的一年多说降准作用不大？"报告"显示，到2014年底，金融机构超额准备金率为2.7%。其中，农村信用社为8.5%。

前一篇文章也详细论述过，如果降准，只会让商业银行把资金从法定准备金转入超额准备金账户而已。

大量的资金流入市场而不是实体经济，只会推动物价上涨，经济继续停滞不前——滞胀。

需要的是减免税费，适度对外贬值

同样自2013年11月以来，本人一直呼吁人民币主动对外贬值，无论从出口考虑还是从购买力平价考虑，人民币被高估是个不争的事实。

有报道称，中国在海外购买奢侈品占全球消费大头，这一方面说明海关税收较高，另一方面说明人民币被高估，也许是二者叠加引起。

从金融改革设计来看也需要适度对外贬值。俄罗斯和乌克兰本币与美元出现暴跌，原因各自不同。比如俄罗斯主要依赖石油出口，国际油价的暴跌导致了其主权货币贬值。

中国不大可能出现这种状况，首先，中国有足够多的美元和主要经济体主权货币；其次，中国经济结构相对多元，另外，中国中央政府负债较轻。

然而，人民币明显被高估，这对人民币国际化显然是不利的，不利于人民币国际化初期保持人民币币值相对稳定，也不利于国际投资者保持对人民币的信心。

减税而不是加税是当务之急。否则，央行的一切努力都会被税收的杠杆消耗殆尽。降低工薪阶层的个人所得税、民营企业的税收，无论对于拉动内需，还是促进就业，都是看得见的真正的积极政策。

如果央行不堪压力，降息和降准随时都可能发生，在不能减免税的情况下，这是个悲剧，而你们只会傻兮兮乐呵呵地接受。这也是被你们逼出来的你们自己要品尝的一枚苦果。

（本文发表于《华夏时报》）

央行货币政策透支，财税政策应该出场

（2016 年 8 月 31 日）

看到叶檀女士说三部委优雅互怼的文章，她只是点明了发改委、财政部和央行三大部委发文章和删文章细节，并未深入分析下去。

如果真正懂点财经知识的人都不难得出结论，包括财政部都看不下去了，出乎意料地支持央行，不好意思承认自己做得不够好，要配合"央妈"。嗯，央行已经够努力了。如果谈不上流动性陷阱，也是流动性泛滥了。资金流向楼市，房企热衷炒股，再放水这种情况还会继续。

税改重大措施是营业税改成增值税，结果是税收增加了。

财税拖了货币政策的后腿

终于，大家同意了我近年来的观点，经济处于下行周期了。提了几年的科普了：在经济过热期间，财政和货币政策都要收紧；在经济下滑期间，财政税收政策需要积极，包括减税、直接投资和鼓励民间投资，支持消费；货币政策宽松包括降息、降准、人民币贬值和其他释放流动性手段，或者选其一。

现在，央行确保了市场的足够流动性，而税收政策拖后腿了！现在的情况是，央行货币政策积极，税收政策消极。一条腿朝前一条腿朝后迈出，这是真正瞎扯的动作。

最近，各大上市公司纷纷发布业绩，包括各大行都举行了业绩发布会。

"营改增因素价税分离，收入直接扣增值税，价税分离影响利息收入 7 个 bp（基点），但对工行的利润不造成影响（作者注：这是明显不敢惹税务部门啊）。"工行董事长易会满在业绩发布会上表示。

中国银行副行长张青松表示，如果把营改增的因素做一个还原，中行上半年的净息差在 1.96%，而不是 1.9%。张副行长意思非常明确：影响利润 0.06%！

营改增竟然成了银行增速下滑的重要原因，传统行业据说真正因为营改增少缴税的也为数不多。

经济下滑，税收增加了，却说是积极的财税政策？

资产荒：房地产一业兴百业衰

2016 年上半年出现了严重的资产荒，房地产除外。

由于百业不兴，银行纷纷把贷款投向了房地产，这是造成今年房价暴涨的货币原因。据《新京报》报道：受国家去库存政策的影响，同时随着今年银行不良贷的攀升，安全性和收益均高的个人住房贷款成为银行信贷中的优质资产，从而被各大银行追捧。在此背景下，2016 年上半年，各家银行住房贷款在银行贷款比例中迅速增长，成为上半年各大银行半年报的"亮点"。

2016 年上半年，建行、农行、招行等 10 家上市银行的房贷余额总额已经达到 8 万亿元，新增房贷达 1.13 万亿元，占同期新增贷款的 42% 左右，成为上半年银行贷款增长的主要驱动因素。另据央行此前发布的 7 月份信贷数据则显示，该月人民币贷款增加 4636 亿元，几乎全部是住户部门贷款，尤其是个人住房贷款。换言之，7 月份新增贷款几乎全部来自房贷。

在股份制银行中，2016 年上半年，招商银行新增房贷规模最大。招商银行上半年个人住房贷款余额为 6069 亿元，比 2015 年底增加了 1157 亿元，增幅高达 23.55%；中信银行个人贷款科目下的住房抵押贷款余额达到 3367 亿元，比 2015 年底增加了 787 亿元。此外，光大银行、浦发银行上半年的房贷规模同样快速增长。

目前已有多家银行在业绩发布会上表示，"下半年会继续加大对个人住房贷款的投放力度"。同样来自央行的数据，7 月，企业存款继续扩张导致 M1 继续暴增。

刺激投资与消费需要减税费

已经发了几篇关于 M1 暴增的原因分析和货币政策透支的文章了，还是看看叶檀说的三部委互怼吧。

8 月 26 日，国家发改委网站刊发国家发改委经济研究所曹玉瑾的文章《多管齐下降低企业融资成本》，认为解决融资成本较高，有必要引导利率进一步下行，并且直接点明当前一般存款准备金率 16.5%，纵向、横向比都处于较高水平。既然中国不存在零利率流动性陷阱，为什么不直接降准降息呢？

发改委 8 月 3 日发表政策研究室文章《更好发挥投资对经济增长的关键作用》，提到"择机进一步实施降息、降准政策"，仅仅几个小时，这句话就被删除。

央行操起了方天画戟。8 月 3 号傍晚，央行网站发布最新文章，2016 年央行分支行行长座谈会称，将继续实施稳健的货币政策，适时预调微调，增强针对性和有效性。

看热闹不怕事大。第一财经报道，财政部一位官员表示，目前单纯的货币政策效应已经甚微，"大家更寄希望财政政策和结构性改革来提振经济，或者说财政政策和货币政策的协调配合。删文可能是由于媒体的过度解读或市场的敏感反应"。

8 月 22 日媒体报道，央行调查统计司司长盛松成在谈到财政政策和货币政策如何相互配合时强调，除了降税外，还可以增加财政赤字，并称"如果把财政赤字率提高到 3% 以上，4%，甚至 5% 都问题不大"。这是央行权威官员首次公开提出赤字率可以扩张到 5%，也就是说，别指望货币，赤字吧，这是财政的事。

关于央行货币政策失效和流动性陷阱的文章可以翻阅我之前发的文章。在目前的状态下，如果央行再放水的话，企业和个人会继续炒房子，房企如宝能、恒大等会继续炒股，在这场大战中，我一如既往地支持央行。房企会支持发改委，企业可能会支持减税，结局如何，你们搬个凳子边吃瓜边欣赏就是了。

（本文发于新浪财经和个人微信公众号：hejiangbingjinrong）

个税起征点是个伪命题，都别吵了

（2015年3月6日）

降个税税率关乎转型升级与发展，都别吵了：起征点是个伪命题。

年前跟誓要建成国际金融中心上海的中外金融机构的朋友聊天，问建成国际金融中心上海最缺什么？他们一致认为，缺金融人才。我问为什么不挖？他们介绍说，高素质的金融人才工薪都很高，奖金也很高，但是，缴纳的个人所得税也很高，45%都交个税了。如果确保能挖到这样的人才，在中国境内的企业要多付大约一倍的工资、奖金。

3月5日，国务院总理李克强做了政府工作报告，明确了不搞大规模放水而是定向调控，积极的财政政策，主要靠经济转型、产业升级和内需拉动经济增长。而个人所得税是实现这些目标的一大障碍。过重的个人所得税税率人为制造了企业引进高素质人才、研究人员、金融人才、IT人才的最大障碍。

同时，个人所得税高企，直接的后果是影响了消费和内需，月收入七八千的人交完税和房贷后，所剩无几。"如果把个人所得税降低了，多出来的这部分钱，我会全部花出去，为你说的促进经济发展做贡献。"这是我《华夏时报》女编辑对长期主张减税的我说的。跟很多朋友聊天他们大多有此想法，而有这样想法的人估计不少。

"两会"上和网络上讨论最多的是个人所得税起征点问题，什么两万、一万起征的。这的确很抓人眼球，但是，这也是舍本逐末的。税率不降低，起征点高低毫无意义；税率降低了，起征点不值一提了。争论起征点高低只能起到哗众取宠和转移视线的目的，财政部也很愿意就起征点高低跟你谈谈，但是，没意思。

果然，3月6日，当被问到是否会减个税时，财政部部长楼继伟说，简单提高个税起征点不公平，从而跑题和引开了税率高的话题。

2011年6月30日，十一届全国人大常委会第二十一次会议表决通过了个税法修正案，将个税免征额由现行的2000元提高到3500元，适用超额累进税率为3%至45%，自2011年9月1日起实施。

起征点提高后，很多行业在没有大幅度加薪的情况下，缴纳的税收反而多了，国家的个人所得税也没减少，逐年增加。网民和代表开始就搞错了，起征点不是问题，税率降低才是问题。

财政部2015年1月底公布的报告显示，2014年，我国个人所得税达7377亿元，同比增长12.9%。这个增速远高于GDP的增速，跟M2接近，这可是起征点提高几年后的数据，你的工资增速有这么快吗？

如果把超额累进税率为3%至45%调整为0.5%到15%或20%，那才是正经路子。

只有个税税率降低了才会降低企业成本，拉动内需才不会是空话，没钱只能在网上喊喊拉动内需啊！何况流量也挺贵的，那只有仰望星空拉内需了。

笔者曾在2014年写过关于减个税的办法和措施。第一，直接冻结个人所得税。有人担心很多政策与纳税捆绑，比如购房购车，那就废除捆绑政策；有人担心房价会涨，那就涨，崩盘别砸售楼处就成。

第二，降低税率，简化等级。现在的个人所得税实在分类过多，税率过高。建议设置三个档次，月收入3500元到10000元象征性地征收1元或五毛，考虑第一个建议中的捆绑政策；10001到30000元征收5%到10%；30001元以上按15%征收。

第三，先征收后返还。同样考虑到第一条，可以实施先征后返的形式。在支农款可以直接划拨到农民账户上的今天，这些没有技术上的难度。

这比天天喊破嗓子讨论个税起征点有意义多了。有条件有影响力的人可以跟财税部门的领导谈谈这个话题。

要不是出一本新书《金融的真相》，打死我都不信稿酬的税率竟然也是如此之高！真的把我吓坏了。

总理报告中好像也提到过要支持扶持文化出版事业发展，出版事业总得有像样的人写吧，收那么高的税能吸引优秀的作者去安心地写书做一个冷静的美男子吗？

当写一年的书还不如微信公众号发一个心灵鸡汤赚的钱多的时候，估计大家都熬汤去了，写书得多傻的人才干啊！优秀的人不愿原创写作，怎么振兴出版事业？再一次仰望星空？

笔者 2014 年呼吁降个税税率的时候查过资料，以前的数据是个税占税收总额的 6% 左右，如果降低个税，直接拉动内需、直接刺激经济发展后，其杠杆效应可能更惊人，在经济发展中获得的税收足可以弥补这些减免的税收吧。

财税部门真的应该向货币政策学习。央行多次对中小银行、支持三农和中小企业达标的银行降低存款准备金率，以政策引导其向这些行业投放贷款，总理的报告中也肯定过这种做法。

财政部门就不能从降低个税这个早该调整的、过时的甚至威胁到中国经济转型升级的、恶劣的税制下手吗？希望看到的个税改革是降低税率而不是在起征点上挠痒痒。

过高的进口关税把低价的外国商品挡在国外，到日本去购买产地在中国的马桶盖不是很好的讽刺吗？难道还不够疼？

过高的个人所得税已经、正在和继续影响各行业高素质人才的选择，没有这些人才，转型就是空话，上海金融中心的梦也就只能是个梦。

写了一年的货币宽松解决不了中国经济问题，现在，以危机倒逼产业转型升级，这更不是货币政策所能完成的。适度的、中性的货币政策是必要的，不要危机来不来就放水，那只会是吹泡泡，总有会破的时候。

无论是从经济转型升级，还是拉动内需，还是保增长角度来看，降低个人所得税税率都是刻不容缓的大事。

就连一直为加税找理由、为减税找借口的社科院现在都看不下去了，最近发了一个报告称："中国的个人所得税税率已不低，上调空间不大。相反，从国际税收竞争的现实出发，中国的个人所得税税负应大幅下降。"这一次，我支持社科院。

为减轻市民负担、刺激消费、稳定经济和保障就业，香港特区政府财政司司长曾俊华2月25日在新一年度财政预算案中提出6项涉及340亿港元的纾缓措施，其中包括宽减个税的措施：宽减2014~2015年度75%的薪俸税和个人入息课税，上限为2万港元，全港182万名纳税人受惠。

澳门也发红包了，而我们还在研究企业发红包如何收税这一重大课题。

（本文发表于《华夏时报》）

留住企业和人才关键在减税费

（2017年3月9日）

福耀玻璃董事长曹德旺引发的中国企业死亡税率之争尚未消停；3月7日上午，全国人大代表、全国人大财经委副主任委员黄奇帆在审议财政预算报告时，建议将个人所得税最高边际税率从45%降低至25%，被再次刷屏。

中国税收特别是数以百计的各种收费的确是众所周知的现实。中国外汇储备从最高的近四万亿美元在两年时间内锐减破了三万亿美元。企业走出去换汇是最重要的原因之一，企业为何出走？因为税费过高，企业要生存要赚钱不得不搬走。现在，美国新总统特朗普要把企业的所得税从35%降到15%，如同曹德旺说的，除了人工成本高一点，其他什么都比中国便宜。

从稳定外汇储备角度看需要减税费，外汇局和央行的很多管制措施都是治标不治本的。从留住企业角度看也需要给企业税费大幅度直接下调。建议取消各种收费，费改税都折腾几十年了，到了该取消各种收费的时候了，比如计划生育的罚款，有谁说得清去向？

从留住人才的角度看，需要暂停征收个人所得税。笔者呼吁三四年了，已经出版和即将出版的金融书中都有专门建议。

为了支持黄奇帆的建议，我个人依然维持早年的看法：第一，直接冻结个人所得税。有人担心很多政策与纳税捆绑，比如购房购车，那就废除捆绑政策；有人担心房价会涨，那就涨，崩盘别砸售楼处就成。

第二，降低税率、简化等级。现在的个人所得税实在分类过多，税率过高。建议：设置三个档次，月收入3500元到10000元象征性地征收1元或五毛，考虑第一个建议中的捆绑政策；10001到30000元征收5%到10%；30001元以上按15%征收。

第三，先征收后返还。同样考虑到第一条，可以实施先征后返的形式。在支农款可以直接划拨到农民账户上的今天，这些没有技术上的难度。

减免个人所得税是除了农民之外获得工薪中产阶层人心的欢欣鼓舞的大好事，少那么点税收得数千万民心。

在经济下滑的背景之下，货币政策应当宽松，实际上，广义货币M2很少低于11%增长的，狭义货币M2甚至持续出现增幅高达20%的现象，货币之宽松可见一斑。

财税政策应该是积极的才对，减税是最有效和直接的积极财政政策。

从吸引人才的角度看，冻结个人所得税十分必要和迫切，毕竟中国政府承诺过，在2020年将上海建成国际金融中心。

同一些在外资金融机构的高管聊天，他们一般都把工资设在香港发放，而非内地，当年人民币对美元和港币都在升值的大背景下，他们宁愿在香港拿相对贬值的港币，而不愿在大陆领取一直在升值的人民币，这是为什么呢？

媒体报道，黄奇帆认为，当前，个人所得税最为突出的问题是工薪所得实行45%的最高边际税率。跟周边比，香港特别行政区只有15%，新加坡为22%；跟发展中国家比，俄罗斯只有13%，巴西为27.5%；跟发达国家比，加拿大为33%，美国为39.6%。这些国家或地区不仅低于我国，而且税前抵扣项目多，投资买房、按揭利息、子女学费、看病就医、抚养赡养等大项就能抵扣掉一半左右。比如，数据显示，美国39.6%的税率在税前抵扣后，最终负担的实际税率在25%左右。

金融高管工资早超过十万，假设十万，在香港只会交1.5万元，在内地可能要交4.5万元（仅为假设），汇率那点损失不值一提了。

这就是较为普遍的很多金融高管在内地上班，而在香港领工资的根本原因，也是众所周知的半公开的"秘密"。

貌似我们能收到很多的工资税，实际上，人家可以合理避税了。

我国间接税很多，基本是所有的商品都要交税，再扣工资税实在说不过去，缴纳个税的都是诚实守法的公民，真正有钱人都不用交个税，向诚实守法的公民征税就更不应该了。

说通过个税调节收入，而实际上，贫富不均日趋严重，个税的存在毫无意义。拉动经济增长重要的是靠消费，而个税吞噬了巨大的诚实守法纳税人的消费能力。

如若不能取消个税，建议最高税费降低到 15% 与香港看齐，这也是我长期的观点。

（发表于《华夏时报》）

第三章

金融里的危机

关于存款保险的误解

（2014 年 12 月 3 日）

近日，存款保险制度相关法规正式对外征询意见了，然而，关于我国存款保险制度的各种解读，无论宏观层面、战略战术意图，还是微观层面的分析，都存在种种误会甚至曲解。

存款保险制度是我国金融改革重要战略组成部分，也是推行利率市场化和人民币国际化前提条件之一，随之而来的应该是金融机构破产法规。存款保险的推出不会导致银行类金融机构大幅破产，也不会导致存款大幅搬家，更不是中央不管不问金融机构。存款保险对各类银行影响也不会特别巨大。

如果央行大幅降准，不是别的原因，那表明：央行要推利率市场化了，接着，人民币国际化也就快了。

金改布局一棋子

2014 年 3 月 14 日，笔者在《华夏时报》发表了一篇《金改有望三年内现重大突破，人民币国际化应提速》的文章（以下简称《金改》），我在文章开头部分这样描写的："相信在未来三年里银行可以依法破产，储户会因为存款保险的建立而获得补偿，利率市场化在一年左右时间实现，人民币最迟三到六年完成可自由兑换资本项下开放。"

现在完成的只是《金改》中最基础的部分——建立存款保险制度。

人民币国际化的重要前提有两个：利率市场化和商业银行改革的成功。

而利率市场化的前提，我在《金改》中简单列举了三个：建立存款保险制度、建立金融机构破产条例、下调存款准备金率。一个宏观条件是在经济上行期，而不是宏观经济处于下行期。

原因很简单，任何国家在推进利率市场化的初期，各家银行为稳定存款，一般都会拉高存款利率——包括美国，而相应的贷款利率也会居高不下，如果为抢夺优质贷款客户而压低利率就会出现亏损甚至破产。这就需要破产条例和存款保险。

如果拉高贷款利率就会增加企业甚至社会的融资成本，这对经济发展相当不利。如果在经济上行期，这相当于央行加息抑制通胀和放缓经济增长；而在经济下行期则是雪上加霜。

在经济下行期推行利率市场化就必须要求市场特别是商业银行有充足的资金，压低存贷款利率，而中国大型银行约有 20% 的存款存放于央行。

如果某一天央行突然大幅降低存款准备金率，那既不是刺激股市，也不意味着所谓经济不行了，而是央行准备推行利率市场化了。

千万别领错情哈。

存款保险没那么狠

见很多专家和媒体把存款保险功能严重夸大了。

第一个误区，国家不再为银行破产兜底。这是错误的。我国有五大国有商业银行——工商银行、建设银行、农业银行、中国银行和交通银行。这些银行要么财政部和中央汇金公司（代表国家出资）是绝对控股股东，要么汇金是大股东。五大行无论是理论和现实上都不可能破产——除非国家破产，但是国家破产了你还要人民币干什么？

再者，这五大行是系统重要性银行，即便在西方，大而不倒的定律照样适用于这些银行；即便从维稳的角度出发，这些银行也是不可能被允许倒闭的。

无论从公司治理还是国际公认准则看，五大行国家都是必须不能让其破产的，如果你的钱存在五大行，就别折腾"分散"多家银行了，特别是定期尚未到期，信专家损失利息的！

第二，城商行、小银行不安全了。基于第一条认识，会极端地得出这个结论，我负责地告诉你，你又错了。中国上市的银行中中小银行居多，中国最好的银行就是中小银行，这轮小牛市多是中小银行领涨带动大银行股疯涨，从而带动大盘涨起来的。

何况，股份制银行背后的母公司一样很牛的。比如，中信银行母公司是中信集团，光大银行的母公司是光大集团，这点同一。

城商行一般都有地方政府财政入股，地方财政有足够实力化解城商行局部危机。当然，避免地方政府对城商行过度干预比预防危机更重要。

第三，农村商业银行不安全了。这又是一大误区。农商行、农村合作银行和农村信用社都是从农信社改制而来的，当年，中央把农信社交给省政府，出事都是省政府负责的，省级政府财政实力是仅次于中央财政的。

笔者十多年前在金融系统工作期间，亲见某县级市的农信社出现挤兑，央行立马发放了"支农再贷款"，危机过后才偿还的。央行也不会坐视农商行破产的。

第四，针对民营银行的一些误区。既然是法律法规，存款保险不会特定针对一些银行，现有的民营银行为人熟知的当属中国民生银行，这是一家公认的好银行，上述领涨的银行就有民生银行，尽管前段时间也有人造谣其武汉分行破产，但丝毫不影响其领涨同行。

当然，存款保险和破产条例的推出，为民营银行大规模成立提供了制度保障。

中国美国完全不同

很多专家看了我们的存款保险制度，部分设计跟美国的存款保险有类似的地方，在笔者看来，中美存款保险完全不同，其影响也会完全不同。

比如美国存款保险最低保本金额建立保险基金等，中国的存款保险也借鉴了其经验。

2013年10月底，本人曾到美国纽约采访了中国银行纽约分行行长吴士强（兼美国区行长），据他介绍：金融危机爆发后，美国金融监管当局强化了对金融机构的监管，针对大而不倒的金融机构，金融监管部门要求这些大的金融机构制定

"生前遗嘱计划"。美联储加强对金融机构流动性监管，必须满足 30 天现金需求；外国银行在美受到更苛刻的资本金限制等。另外，美国成立了金融公司消费者保护局。

吴士强表示："面对更严厉的监管，中行将积极应对，适应监管要求。2010 年，中行在美国客户存款 150 亿美元，到 2013 年三季度末达到 450 亿美元。随着美国经济的复苏，美国人对中资银行看法好转，加之中国企业和资金走出去需求增加，中国银行和中资银行在美国发展的步伐会更快。"

美国劳动人民经过金融危机洗礼，认清了资金不能放在一个篮子的道理，于是很多人把存款搬到了中国银行等中资银行，他们都知道这些中国国有银行是不可能倒闭的，这也是中国银行纽约分行三年翻三倍的原因之一。

而中国的专家要求大家把钱分多份存不同的银行，这简直是东施效颦。美国人钱多，中产多，分几家银行是必要的，且美国几乎没有国有银行。而中国相反，当美国人民都把自己的资金搬到中国国有银行的时候，你们还瞎折腾个啥？

官方统计：99.6% 的存款低于 50 万元，那你们更不用瞎折腾了。那 0.4% 的大额存款用户，你们折腾下可以，但是，我不会为你免费出主意的。哼哼。

（本文发表于《华夏时报》）

中国不会爆发系统性金融危机

（2015 年 3 月 20 日）

最近，海外关于新的中国经济崩溃论的关键证据是，中国银行业不良贷款飙升，伴随房价下跌，经济增速放缓，会引发全面的、系统性的金融危机。银行业不良贷款随经济增速放缓而增加是规律，中国也不例外。但是，中国不会爆发系统性的、全面的金融危机，也不会出现由此引发的经济恶性衰退。

恶性的、系统性的金融危机和经济危机，在近年来主要是美国次贷危机、亚洲金融风暴、"日本病"、俄罗斯卢布崩盘等，中国虽未出现金融危机，但在 2005 年之前发生和积累过大量不良资产，银行被称为"技术性破产"，现在连这样的危机条件都不具备。局部的小规模金融问题会发生，大规模的危机都难以形成。

中国间接融资占比居绝对重要位置，银行承担了几乎全部间接融资职能，而银行经历十余年改革发展，已经今非昔比，业已从濒临危机走向世界前列。

不具备爆发恶性危机条件，且有应对金融危机实力

最近的、典型的金融危机分别是 20 世纪 90 年代的亚洲金融风暴、"日本病"，美国次贷危机和最近爆发的俄罗斯卢布危机，中国银行业改革之前，银行不良贷款占比非常高，技术上濒临破产。而现在，中国金融业，特别是银行业完全不具备爆发任何形式的系统性的、全面的金融危机的条件。这些原因之前分别发表过，一些已经收录在《金融的真相》一书中，部分在最近也系统地论述过，为了反驳

中国爆发金融危机的耸人听闻论调，集中扼要再做阐述。

首先，中国不会爆发美国式次贷危机，更不会引发金融危机从而引发世界范围内的金融危机。至 2006 年 6 月前的两年时间里，美国联邦储备委员会连续 17 次提息，将联邦基金利率从 1% 提升到 5.25%。利率大幅攀升加重了购房者的还贷负担。而且，自从 2005 年第二季度以来，美国住房市场开始大幅降温。随着住房价格下跌，购房者难以将房屋出售或者通过抵押获得融资。受此影响，很多次级抵押贷款市场的借款人无法按期偿还借款，次级抵押贷款市场危机开始显现并呈愈演愈烈之势。次贷危机是指由美国次级房屋信贷行业违约剧增、信用紧缩问题而于 2007 年夏季引发的国际金融市场上的震荡、恐慌和危机。

金融工具过度创新、信用评级机构利益扭曲、货币政策监管放松是导致美国次贷危机的主要原因。

中国金融衍生品处于初级阶段，就连作为衍生品的基础——资产证券化也尚处于试点阶段。所以，担心中国爆发美国式的金融危机，您想多了，咱们真不够格。

关于中国不会爆发"日本病"，我在 2013 年 11 月建议"主动让人民币对外贬值，谨防出现'日本病'"（详见本章《人民币当适度对外贬值，谨防出现"日本病"》一文）中详细论述过，"日本病"有三个比较明显的指标：房地产价格暴跌，股市崩盘，本币对外暴跌。2014 年以来人民币对美元持续下跌，正在逐步走入均衡状态，股市刚刚处于上涨阶段，在上海交易所交易的股票从不同的分析统计公司数据看，其平均市盈率不过在 16 到 18 倍而已，上证综指不过 3600 点左右，不要忘了在 2007 年还到过 6100 多点，那时候都没怕崩盘，现在怎么会出现崩盘？现在唯一可能出现的是房价的非正常下跌，但是，这也不足以形成"日本病"。何况，即便出现不正常下跌，也不会导致金融危机，以下会论述。

另外，中国也不会爆发俄罗斯卢布崩盘和亚洲金融危机那类的金融危机。最主要的原因不仅仅是人民币尚未实现可自由兑换和资本项下不可自由兑换，而是，俄罗斯卢布暴跌的原因主要是俄罗斯经济单一，主要靠石油天然气出口支持经济，2014 年下半年国际原油价格持续暴跌导致卢布崩盘。东南亚金融危机原因并不单一，其中一个是为了吸引外资，一方面保持固定汇率，一方面又扩大金融自由化，给国际炒家提供了可乘之机。

而香港成功地阻止了国际炒家索罗斯等，香港维持了港币紧盯美元的联系汇率至今，这当然与中央政府和中国人民银行强力支持密不可分。在爆发危机前的1997 年，中国的外汇储备是 1398.90 亿美元。而到 2014 年底，中国外汇储备高达 3.84 万亿美元，这与当时支持香港阻击国际炒家时不可同日而语，也是俄罗斯央行外汇储备望尘莫及的。

即便房价跌经济增速放缓，亦不会引发金融风险且有工具

最有可能引发中国式金融危机的就是形成大量不良贷款。2005 年，在四大国有银行股改之前，海外媒体保守地估计国有银行不良贷款高达 20% 以上，属于技术性破产。

而现在，银行业因经济增速放缓等因素影响，不良贷款虽有上升势头，但依然属于可控和低风险。银监会数据显示，2014 年 12 月末，商业银行（法人口径，下同）不良贷款余额 8426 亿元，较年初增加 2506 亿元；商业银行不良贷款率 1.25%，较年初上升 0.25 个百分点。

2015 年两会后，国务院总理李克强也在记者会上介绍了，中国不会发生系统性金融危机。其主要依据依然来自银监会数据，针对信用风险计提的减值准备较为充足。2014 年 12 月末，商业银行贷款损失准备余额为 1.96 万亿元，较年初增加 2812 亿元；拨备覆盖率为 232.06%，较年初下降 50.64 个百分点；贷款拨备率为 2.90%，较年初上升 0.07 个百分点。

假设房价下跌，中国经济增速放缓，中国也不会出现系统性金融危机。

原因之一，2014 年年中，央行发布的《中国金融稳定报告》显示，2013 年底，央行组织了 17 家大中型商业银行进行过压力测试，这 17 家银行包括五大国有商业银行和民生、光大、华夏等 12 家股份制商业银行，这 17 家商业银行资产规模占到了银行类金融机构的 61%，具有代表性。

央行设置过三个级别的压力冲击，假设经济增速放缓，分三种情形：轻度冲击为 GDP 增长率下降至 7%；中度冲击为 GDP 增长率下降至 5.5%；重度冲击为 GDP 增长率下降至 4%。测试结果显示，在上述三种情况下，银行不良贷款会出

现以下状况：轻度冲击下，不良贷款率上升 1 个百分点；中度冲击下，不良贷款率上升 2.5 个百分点；重度冲击下，不良贷款率上升 4 个百分点。

需要说明的是，目前，银行业不良贷款率并不高，2013 年底不良贷款率仅为 1.49%。即便达到央行假设的重度冲击，银行依然能支撑得住。

2011 年 11 月，前银监会主席刘明康表示，银行能经受房价下跌 50%。刘明康表示，假设最坏的情况发生，即当房价下跌 50%，银行的贷款覆盖仍能达到 100%，虽然利息不能收回，但本金没有问题。

原因之二，中国住房贷款与其他国家地区有所不同，首套住房个人也得交付 30% 首付款，二套房贷首付比例更是高达六七成。尽管当前有消息称部分地方可能下调到 50%，也是很高的，出现断供的概率远低于海外。

目前，住房贷款证券化处于试点阶段，基于此的衍生品尚未出现，引发次贷危机的可能不存在。

原因之三，中国央行有足够的手段防止极端情况出现。尽管央行下调了商业银行存款准备金率，然而，央行冻结了商业银行超过 20 万亿元人民币的存款，这些资金随时可以返还银行以备不时之需。

中国不会爆发类似于俄罗斯的卢布危机，俄罗斯高度依赖石油、天然气支撑经济，中国经济更多元。但是，过去十多年，地方政府过多地依赖卖地，依靠房地产支撑地方经济发展的模式难以为继。尽管不会爆发全面金融危机，但是，并不意味着不改革、不转型。

局部问题仍需定点清除，仅靠央行很难解决问题

2014 年 3 月，腾讯举办了一个经济问题论坛，《环球时报》摘发了我的部分书面发言，遗憾的是，摘发刊登的多是相对正面和较小的问题。现把 2014 年前，我关于中国金融方面存在的风险刊发出来，尽管一年过去了，有些问题依然存在。不过，需要说明的是，这些也远没有华盛顿大学教授沈大伟和西方财经媒体渲染得那么严重。

当时，我的书面发言是这么说的："经济放缓短期内不会改变；银行不良贷款增加；部分地区房价开始真正下跌；受资金紧张和互联网金融冲击，银行组织

资金成本增高、利润增速放缓；地方融资平台必然爆发违约；受监管政策和规范影子银行影响，信托行业在到期刚性支付中更大规模出现违约事件……"

"经济增速放缓是共识。出于对相对从紧的货币政策和相对稳健的财政政策不会有大的调整预期，众多经济学家对今年经济走势持相对悲观看法，一般认为增速在 7% 到 7.5% 之间。"实际情况是 7.4%。

"银行不良贷款增加。"

"人民币连续贬值。"

"地方融资平台或出现违约。今年肯定会出现违约情况。而根据审计署公开的数据显示，截至 2013 年 6 月底，地方政府性债务（政府负有偿还责任的债务 + 负有担保责任的债务 + 可能承担一定救助责任的债务）余额 17.89 万亿元。2010 年至 2013 年 6 月，省级、市级政府债务年均增长率分别为 21.21% 和 19.57%，略低于地方政府性债务平均增速；而县级政府债务年均增长率达 25.75%，高于地方政府性债务平均增速 3 个百分点。截至 2013 年 6 月底，在地方政府性债务中，市级、县级政府债务分别占 40.75% 和 28.18%。"

"市级特别是县级债务违约可能性最高，特别是中西部。"

前不久已经公布了一万亿地方债解决方案。

"信托行业可能会集中爆发问题。""对互联网金融分类监管，从风险角度看，P2P 风险最高，需要高度重视。"

2014 年的问题部分已经解决，更多的问题对今年甚至今后依然是问题，但不至于引发金融危机。

（本文发表于《华夏时报》）

P2P 行业的十大风险

（2014 年 11 月 19 日）

P2P 跑路已经不算新闻了，能坚持活下来不出事才是新闻。

为什么互联网金融中 P2P 风险居高不下？ 11 月 13 日，本人应邀参加了由《华夏时报》、和讯网等主办的第二届互联网金融大会。在会上，我系统地分析了这个问题。当时简要谈了 P2P 九大风险（本文补充了一条），P2P 的风险有来自外部的，也有其独有的风险。与小贷公司、银行等相比，P2P 的风险更高，不确定性更大。

从外部看，P2P 主要有以下风险：

第一，法律风险。关于 P2P 没有专门的法律，甚至尚未有监管部门的统一规范。在上述会议中，法律专家和从业者对 P2P 相关的问题很难达成一致，甚至看法相反。比如对"自融"问题，一部分人认为，这是高压线，不能碰；另一部分人则认为，只要发了公告，说明用途并提示了风险，就不算违规。关于"资金池"的看法也不尽相同，有人认为绝对不能搞资金池，部分从业者认为资金池会被动产生，不可避免。甚至关于 P2P 是信用中介还是信息中介，在场的人士也不能达成一致，这个问题在监管部门中也有争议，这样的现实状态下，自然存在法律风险，至少存在制度、规定上的风险。

第二，监管风险。由于前几年，批准 P2P 的部门过多，有央行批准的，有地方金融办批准的，亦有工业信息管理部门批准的，五花八门，其监管也是九龙治水。不过，这种局面有望得以改善，现在明确了银监会的监管责任，无论是监管原则还是监管标准都有望得以统一，而缺乏监管是之前 P2P 鱼龙混杂、问题频出的最主要原因之一。

第三，经济下行风险。无论是什么样的放贷公司，在经济下行周期中都容易形成不良贷款，即便是封闭运行有大数据支撑的不良率一直很低的阿里小贷，在上季度不良率也大幅攀升了。

有丰富放贷经验的商业银行，在对小微企业贷款中，不良率也大幅攀升，除了拥有长期对小微企业放贷经验的民生银行。

第四，小微企业贷款本身的高风险。小微企业本身存在较高风险，除了本身生存周期短、抵押品不足、账目不规范、人员素质相对不高、还款能力不足等因素外，放贷企业的人力成本要远高于对大中型企业的放款成本。

何况，解决小微企业融资难、融资贵是世界性的难题，而 P2P 的放款对象主要是小微企业，这也注定了其信贷业务的高风险。

这些外部风险对于其他互联网金融企业来说部分亦是适用的，比如法律和监管风险。

P2P 的高风险更多的是来自其内部风险。

第五，从业人员素质风险。包括 P2P 行业、担保公司、推介公司等，从事P2P 行业平台的大多是互联网人士居多，归根结底，互联网金融的本质是金融，有些金融人士对互联网又不熟悉，二者都懂的又对互联网金融不懂，对互联网金融懂的又不太懂法律。

监管部门倾向于定位 P2P 为信息中介，这样，这个平台更注重于互联网人才。如果仅仅定位于信息中介，搭建平台的门槛会更低，造成 P2P 恶性膨胀和竞争就在所难免了。

第六，技术风险。既然以互联网为平台，互联网企业遇到的黑客攻击和其他网络问题，P2P 平台必然同样会遇到。不同是，无论门户网站、微博、即时通信工具或者其他互联网产品即使遭遇攻击，最多也就是短暂的系统瘫痪，其强大的团队都会很快将系统恢复，而一般的 P2P 平台很难有这样强大的技术团队和设备支撑。

由于 P2P 跑路新闻不断，其广大客户犹如惊弓之鸟，一旦出现技术故障——哪怕是短暂的，也可能会造成所有金融业最恐惧的挤兑事件，从而造成 P2P 倒闭。

第七，挤兑风险。上述的技术故障都能导致出现挤兑风险，各种传闻、负面新闻等亦能造成挤兑风险。2013 年 7 月，因为遭遇"黑客攻击"，网贷平台中财在线部分用户数据泄露，间接诱发投资人恐慌，曾造成挤兑事件，后虽平息，却让其高管心有余悸。

而拆标则将长期借款标的拆成短期，大额资金拆成小额，从而造成了期限和金额的错配。这必然会从时间和资金上人为造成流动性紧张，从而引发挤兑事件。

由拆标而导致的挤兑事件更是不胜枚举。

第八，道德风险。据一位资深的业内从业人员讲，大部分跑路的 P2P 平台公司，其建立平台的出发点就是圈钱走人；而因为经营不善出现亏损、流动性枯竭而被迫跑路的占少数。《中国 P2P 借贷服务行业白皮书 2013》共统计了 9 家跑路和关闭案例，涉及金额超过 2600 万元，但只有 2 起案件的嫌疑人归案。

2013 年以来，跑路事件层出不穷。另据《华夏时报》记者不完全统计，从 2013 年到 2014 年 4 月，全国累计已有 119 家 P2P 平台"倒闭"或"跑路"，涉及资金共约 21 亿元；其中，2014 年前 4 个月出现问题的网贷平台已近 30 家。

对于任何金融机构来说，"道德风险"始终是其最大的风险。《证券市场红周刊》曾将 P2P 道德风险分为两类。第一种，P2P 平台通过虚构借款方信息诱骗投资者购买，实则资金流向平台企业的腰包，这里特别要提示投资者的是"自融"风险，即指那些有资金需求的人自己成立一家 P2P 平台为自己融资的情况；第二种，平台企业采用债权转让的模式，拆分错配，投资者实际和平台公司产生交易，形成债权债务关系。不管哪一种，只要投资者的资金直接转账给该平台的老板或者高管，都暗藏着"老板跑路"的风险。

第九，信用风险。目前，中国还缺乏统一的权威而全面的征信系统，而央行建立的征信系统，目前 P2P 参与者尚未接入、联网。退一步讲，即便与央行的征信系统实现了联网，也难以获取足够、必要、完整的信用状况。

就个人而言，央行征信系统一般只录入个人银行贷款、担保、信用卡、法院案件等情况，不仅满足不了银行信贷需要，对于互联网金融企业来说，更是无法满足其需要。其实用性尚不及阿里小贷对淘宝店根据店主交易量、结算等而决定的贷款金额。

对于个人、企业信用状况缺乏全面了解，造成信息严重不对称，这为平台与担保公司、推介公司勾结，甚至开展自融、设资金池等提供了便利。

第十，高息风险。P2P行业普遍存在高利率问题，一般在15%以上，甚至高达30%以上，这样的高利率不仅会对社会造成危害，甚至对整个行业会造成毁灭性的自我伤害。

骑士贷CEO郭震认为，高利率会直接摧毁P2P行业："大家知道为什么银行坏账率那么低，并不是大家都有钱还。为什么有钱呢？因为他借了高利贷把银行的钱还了，因为银行便宜，他想把借款变成长期借款，长期使用。如果P2P降到企业长期接受的融资成本，假设这个企业真的没有钱还你，他为了这个平台到期能再续下来，他也会借一笔成本更高的钱还你。如果你的平台成本很高，如果已经到20%多，我借30%多的钱借不到，那我可能就不还了。银行可能融资成本8%，随便借高利贷就把钱还了。P2P平台想降低坏账率就要降低成本，让借款人有动机和力量把借款还掉。"

简言之，如果P2P利率过高，企业无法融资来偿还，或严重超出企业承受范围，企业干脆不还本息了。

总之，在P2P行业至少存在上述十大风险。部分银行、小贷公司，特别是阿里小贷的成功经验值得P2P学习借鉴，在风控模式上可以结合行业特点进行创新。

希望跑路的越来越少，创造更多的风控模式，迎接更美好的明天。

（本文发表在P2P"鼎盛时期"，野蛮生长之际，现在超过半成以上消亡，本文提到的对接央行征信系统部分已经完成。大部分风险仍未解决。原文刊发在《华夏时报》。）

对冲基金大佬指股市：不该救，方式也错了

（2015 年 7 月 18 日）

摘要： 李宏认为，股市下跌可以让过快暴涨的股市去掉泡沫、去掉杠杆，而过早的不很恰当的救市反而加速了股市的下跌。"错失了对投资者很好的风险教育机会，目前，伤疤还没好已经忘了疼。"

7 月 13 日，笔者在上海与资深对冲基金人士、金融大鳄索罗斯的合作伙伴与朋友思高方达（上海）董事长李宏关于救市问题进行了探讨。李宏认为，救市并无必要，起码出手过早，救市的方式值得探讨。既然也学习美国救市，那么更应该学习美国救市的思路，救助遇到问题的金融机构而不是二级市场买股票或 ETF。

李宏认为，股市下跌可以让过快暴涨的股市去掉泡沫、去掉杠杆，而过早的不很恰当的救市反而加速了股市的下跌。"错失了对投资者很好的风险教育机会，目前，伤疤还没好已经忘了疼。"

不该救与救错了

李宏认为，中国 A 股下跌是因为前期股票上涨过快，泡沫化严重的必然结果，美国在 2001 年纳斯达克科技股出现泡沫后，股价也出现暴跌情况，美国并没有去救市。

首先，官方和媒体释放了"国家牛市"概念，当大家都认为股市涨到一万点肯定会在短期内做到，假设国家设定的是两年达到一万点，市场绝对不会用这么长时间，说不定两个月就能做到。"既然肯定涨，投资者一定会先进去买，后进去岂不吃亏了？"李宏认为，所谓的管理层要的慢牛肯定会变成疯牛。

美国纳斯达克科技股泡沫破灭后，美国监管当局并没有所谓的大规模救市行动，特别是没有动用纳税人的钱进行救市。李宏介绍说，美国金融危机爆发后的2008年，延伸到股市，美国当局也没有采取直接购买股票行为。

美国所谓的救市，主要针对陷入危机中的金融机构和企业注入流动性和促使大的金融机构之间展开重组、收购等，或者购买金融机构的优先股。美国在金融危机爆发后，禁止对金融个股"裸做空"，而不是针对股指期货。反观我们的就是，不仅仅直接在二级市场购买权重股，甚至打击做空股指期货。李宏认为，股指期货当然能做空，恶意做空个股才是重点。

"有人说，既然美国也救市，那为何中国就不能救市？一般人都会这么认为。要知道，美国2008年的金融危机如果不拯救势必影响美国经济甚至是世界经济，事实上已经影响到了。美国救市也不是政府出钱买股票。中国股市暴涨并没有现实经济增长做支撑，而是人造牛市，加之配资融资投机而形成的虚假繁荣。泡沫破灭了反而是好事，可以去掉泡沫，去掉高杠杆。救市有点早，如果再跌20%左右再出手，或许才是合适的，也更容易救。"

另外，李宏觉得本轮救市行政色彩过于浓重，与市场规律相违背，特别是出现抓人调控。

这会让海外投资者觉得是市场化的倒退，会退出中国市场。英国的《金融时报》7月15日的报道文章印证了李宏的看法。"昨日（7月14日），利用沪港通机制的境外投资者连续第七个交易日成为中国股票的竞卖家。自7月6日以来，境外投资者通过沪港通减持中国股票442亿元人民币（合71亿美元）。"

境外敌对势力做空A股不存在

李宏所在的公司是全球最大的对冲基金后台服务公司，对全球对冲基金的动向比较清楚。李宏认为，海外资金对A股影响非常有限，QFII规模不大，"并且，这些海外机构投资者投资 A 股，一般都是长期投资者，他们买入股票都是长期看好这家公司的成长性，这些境外机构不是做空 A 股，相反，他们是做多 A 股"。

首先，这些境外机构投资者手里的股票远远不足以砸盘导致指数暴跌；其次，这些机构不可能与做空股指期货的公司勾结而获利。

至于海外对冲基金，李宏认为，海外对冲基金做空 A 股更是不大现实，中国对境外对冲基金尚未完全开放，对冲基金通过合法方式进入的也不可能去做空 A 股，很多人对对冲基金存在严重的误解，以为对冲基金就是投机。事实上，对冲基金有很多策略，对冲基金更喜欢法制健全的市场。

针对媒体报道李宏曾供职的美国高盛公司做空的传闻，李宏表示不大可能，更何况"高盛还要在大陆做生意"。

作为索罗斯和索罗斯儿子的朋友、合作伙伴，李宏对索罗斯做空 A 股或港股的报道表示不理解。有报道称索罗斯突然造访中国香港的办公室，之后得到索罗斯方面回应称索罗斯近期根本没去香港。李宏笑称，不知道这些报道与揣测怎么出来的，第一感觉是可笑。"索罗斯难道非得去香港才能做空吗？既然做了何必自己去风口浪尖？""八十好几的人了，他（索罗斯）哪有这个精力，还有没有这个能力？我怀疑。"之前，李宏已向本人透露，索罗斯已经退休，让其小儿子而不是大儿子接班了。

正确的救市姿势长啥样

据李宏介绍，他在美国工作二十多年，在高盛已经与索罗斯合作并亲历了美国三次经济金融和股市危机处置。美国的做法很值得中国监管当局借鉴。

李宏认为，当下，中国需要推出更多的金融创新产品。早在 2007 年 9 月 17 日，时任中国人民银行金融市场司副司长的沈炳熙在其办公室接受本人专访时表示，资产证券化对银行来说好处是很多的。次贷危机证明资产证券化工具不错。不过，由于次贷危机引发的金融经济危机导致刚刚起步的中国资产证券化停滞了 8 年之久，实在不应该。李宏认为，股灾会导致很好的产品不会引进了，比如期权等。

李宏介绍，美国金融危机后，并没有停滞金融创新，只是对部分产品进行了限制，比如，CDS（Credit Default Swap 信用违约互换，又称为信贷违约掉期，也叫贷款违约保险，是目前全球交易最为广泛的场外信用衍生品）对冲信用风险，不过，停滞裸空了，这跟当下禁止做空股票是完全不同的。CDS 裸空是有风险的，比如，大家都买了一栋房子失火的火灾险，这时候大家没准都希望这栋房子会失火，这起码有了道德风险。你懂的。

所以，只有买了相关资产才能买对应的 CDS 对冲风险。

"卖 CDS 的大多是保险公司。"李宏介绍说，亚洲金融危机爆发后的 1998 年，美联储救助了美国长期资本管理公司，当时的美联储主席格林斯潘受到很多批评，当时出现了一个金融名词"大而不倒"。美联储的救助其实既不是美联储出钱，也不是财政出钱，而是协调各银行金融机构出资设立一个基金向长期资本注入流动性。

"长期资本是最典型的流动性危机。"李宏认为，当时救助长期资本饱受批评，这也是 2007 年当时美国财长保尔森没去救助雷曼兄弟的原因之一。

李宏认为，这次的股票市场巨大波动跟美国的金融危机简直没法相提并论，首先不该救，即便救市，也不能动用纳税人的钱，以及养老保险砸进去救市。万一救不起来亏了谁负责？

"世界上没有国家拿养老保命的钱投入股市救市的。""凭什么救这家公司而不救另一家公司？""银行如果出现危机是必须要救的，问题是银行并未出现危机。股票跌 30% 多，而之前涨了 100% 多，不是很正常的吗？"

李宏认为，第一，涨跌幅 10% 的限制应该取消。如果打开涨跌幅，比如一只股票一次跌 50%，那么很多投资者认为跌到位了，就会去买的，股价不就稳定了吗？

第二，应该 T+0，随时买卖。"我们抄袭美国的又没抄好，美国救市我们也救市。问题是，美国怎么救的我们就不去抄了，什么时间点救市我们也不考虑了。美国纳斯达克跌那么多，美国并未救。2001 年'911'事件，金融中枢都毁了，美国只是短暂暂停，但是很快就恢复了，这次中国股市远远不能跟美国任何危机相提并论。"

波动中的赢家

谁是暴涨暴跌的大赢家？李宏认为是大股东和国家。正如很多新闻报道的不少大股东在 6 月之前已经大幅减持了，高位套现了。更多股东减持后竟然不及时公告。另外，国家才是最大的赢家。一方面很多企业是国企央企，国资委、财政部和地方财政部门是很多上市公司的大股东，另一方面，印花税增长的幅度也非常大。

李宏认为，很多公募和私募基金已经散户化了，他们也是暴涨暴跌的受害者。

亏钱的大多是做杠杆的，小散户配资、部分融资的，下跌是好事，可以对投资者进行风险教育。政府不能对股市托底，股市本来就是高风险的，高收益必须对应高风险，"那么现在好了，一下跌政府就出来托底，风险没了。很多人伤疤还没好就又杀进来了"。

"很多呼吁救市的都是满仓的人。"李宏认为，股市中，美国等国家一般是70% 的机构投资者，散户大约三成，而中国这一比例刚好相反。过多的散户而不是机构投资者参与，一般都不能做价值投资者，反而会加剧股市涨跌幅度。

（首发钛媒体、华夏时报）

高盛——忽悠的中国 10 年

（2010 年 4 月 23 日）

　　高盛集团是本轮美国金融危机中唯一的赢家，10 年来，高盛在中国也是赚钱最多的外资投资银行。这并非偶然，回顾高盛在中国的 10 年不难发现，在对中国改革启动最晚的金融改革上，它掌握着绝对话语权，其战略运用环环相扣，步步紧逼，不仅赚得大量的真金白银，也赢得了广阔的市场。另一方面，大型国企不甚了解金融常识的弱点也让高盛看到了机会，偶尔还会搂草打兔子顺便狠咬一口，令多家国企在与其的对赌协议中蒙受巨大损失。

　　此外，《华夏时报》在整理近 10 年高盛报告时发现，高盛对中国经济和银行业的看法，以及对不同银行的看法也是严重矛盾的。

诱导中国金融改革，看多中国经济看空中资银行

　　假如中国的银行都破产了，中国经济在半个世纪后能取代美国成为全球老大吗？

　　高盛回答说：能。这个可以能。

　　高盛证券公司首席经济学家吉姆·奥尼尔在 2001 年 11 月 20 日发表的一份题为《全球需要更好的经济之砖》的报告中首次提出"金砖四国"（巴西、俄罗斯、印度和中国）。2003 年 10 月，该公司在题为《与 BRICs 一起梦想：通往 2050 年的道路》的全球经济报告中预言："如果不出意外的话，中国可能会在 2041 年超

过美国从而成为世界第一经济大国。"这让当时的国人和官方大大受用。

而几乎同一时期对于中国银行业，高盛的看法则截然相反。

2002年12月，高盛发布题为《2002年四大国有银行不良贷款比率》的研究报告指出，中国银行业的不良贷款比率接近40%，是亚洲之最糟糕者。此时，正值中国正式加入WTO一周年，按照入世承诺，自加入时的5年内，中国将取消地域限制，外资银行具有完全的市场准入，允许开办人民币零售业务，并在指定的地区享受国民待遇。开放时间表其实是"倒逼"中国银行业改革必须在5年内完成。

"目前中国银行业的最大风险是7000亿美元的不良贷款。处理不好，银行改革的成本会吞没经济改革的成果。"2003年5月，英国《金融时报》、高盛公司、穆迪公司、法国里昂证券同时对中国银行业不良贷款状况发出警报，众口一词，在国际国内形成对商业银行的信任危机。

在2003年5月推出的《中国银行业的风险与出路》报告中，高盛提出，中国国有银行问题虽然严重，但近期发生传统意义上的银行危机或崩溃的风险很小，中国银行业的真正风险在于日本式的停滞，"走出困境的唯一途径是对国有银行进行财政援助"。

高盛认为，要有效剥离不良贷款（NPL），中国政府至少需要投入2.4万亿元，即GDP的21%。这一数字是国有银行达到"可供出售"状态所需的最小资金量，然后外部投资者才能提供其余的资金。

当然，仅仅让政府注资不是高盛的最终目的，高盛提出："中国的坏账问题是制约当下经济增长的主要瓶颈，但仅靠政府的财政援助并不能解决国有银行的内部治理问题，也不能保证不良贷款的恶性循环不再重复。一旦商业银行财务状况相对改善，中国就应解除对银行业的控制，并迅速着手对国有银行进行民营化。"

中国银行业改革最终因循了高盛提出的"政府注资并引入战略投资"的路径，然而这是一剂代价昂贵的药方，高盛的目的显然也不是为中国银行业的改革出力，而是为了赚钱、赚大钱。

高盛唱空其他银行，惟独唱多其入股的工行

假如中资银行股都被高估了，都该卖出了，那么能买工行的股票吗？

高盛回答说：能。这个必须能。

在工商银行进行了一年多的财务重组，并取得实质性成效之后，高盛成为工商银行的战略投资者。2005 年 8 月底，工商银行与包括高盛、德国安联和美国运通在内的财团签署谅解备忘录，三家战略投资者组成的财团以 36 亿美元左右的价格购入工行 10% 的股份。

成为中国商业银行战略投资者后，高盛对工商银行投资价值的相关观点与其之前"唱衰"中资银行业时大相径庭。

2006 年 12 月 7 日，高盛首次发表关于工商银行的研究报告，认为工商银行年收益增长率达到 10% 以上，每股收益增长率则达到 30% 以上。之后又发表报告称，内地银行股 2007 年盈利可能高于市场预期，因此进一步提高工商银行的目标价位至 5.28 元。工商银行等银行股因此受到投资者的热烈追捧。

在捧红中资银行业之后，高盛开始打压其他银行股，唯独看好工商银行一家中资银行。

2008 年 9 月，高盛在发布的报告中将中国银行业的评级从"具有吸引力"调低至"中性"，宣布全面调低国内六大银行的 A 股、H 股目标价，H 股目标价平均下调 25.45%，A 股目标价平均下调高达 38.5%。

高盛报告摘要显示，作为以房贷业务为特色的兴业银行，尽管其评级依然被维持"中性"，但目标价已由 39.70 元被下调至 18.49 元；工商银行则是中资银行股中唯一被维持"买入"评级的银行；交通银行则摘得高盛给予的另一"唯一"称号，其评级由"买入"越级降至"沽售"。

上市的中资银行除工行外，都被高盛调低过评级或打压。

搂草打兔子，赌死笨企业

在部署进入中国银行业的大战略的同时，高盛觉得，下雨天打孩（鞋）子——闲着也是闲着，干脆要耍一些不懂基本金融常识的企业，赚点额外之财。

2007 年，太子奶集团董事长李途纯与高盛等投行签下一份暗藏对赌合约的引资协议。具体约定为：在收到 7300 万美元注资后的前 3 年，如果太子奶完不成 30% 的业绩增长，李途纯将会失去控股权。业内分析师指出，这其实是粉饰一新的"投资—拖垮—全面控制"思路。高盛一面发布中国乳业市场利空报告，一面借势抄底，用严苛的约定迫使太子奶急速扩张，使得资金链本已紧绷的太子奶最终跌向破产深渊。

而高盛与深南电、国航、东航签订的，则是被冠以"套期保值合约"名义的油价对赌协议。投行会事先对市场未来走势作出判断，在与企业签订对赌协议后，投行可以与油企签订反向协议，或直接在国际原油期货市场中反向操作。同时，由于协议内容往往被设计得晦涩冗长，一些对投行有利的免责条款容易藏身其中，加之国内企业缺乏这一业务领域的智囊团队，稍有不慎，便会掉入对手早已设好的圈套。

深南电与高盛对赌的标的石油数量是 20 万桶，从 2008 年 3 月到 12 月之间，纽约商业交易所原油价格高于 62 美元，深南电每月最高可获得 30 万美元的收益，如果石油价格低于 62 美元，则深南电需要向高盛旗下公司支付（62 美元 – 浮动价格）/ 桶 ×40 万桶，也就是每下跌 1 美元，深南电要向高盛支付 40 万美元。

如此不对称的对赌协议深南电竟然签了。深南电、国航、东航理所当然地出现巨额亏损。

人民币当适度对外贬值，谨防出现"日本病"

（2013 年 11 月 22 日）

　　人民币对内贬值对外升值成为当下热门话题，也是一个不争的事实。尽管形成对内贬值造成通胀的原因各有说法和感受不同，但是，对外升值数据是准确而真实的。

　　11 月 21 日，央行副行长、国家外汇管理局局长易纲在出席新浪长安论坛时表示："人民币升值其实是让老百姓受益，之所以很多人认为是坏事，是因为升值的受益方是沉默的大多数，而升值受损方（出口企业和工人）的声音却比较大。"易纲说的是大实话，什么人可以享受这种福利而沉默呢？权贵和富人。

　　比如，人民币升值，如果子女在海外上学、出国旅游、海外购物就能明显享受到人民币升值带来的福利。10 月底，笔者在纽约的名牌折扣店买了两双名牌皮鞋，大约每双折合人民币 630 元；在欧洲的芬兰买大约 1200 元；笔者在北京西单的专卖店发现同款式皮鞋至少在 2000 元以上。再如名牌皮包、中档衣服等，国外大多数是国内价格的三分之一左右。而享受到这部分福利的人是不会站出来说的，他们需要做的就是：买三个大皮箱，装满带回国，而机票和酒店费用简直不值一提了。

　　这也是人民币极端对外升值对内贬值的真实写照，中国经济跟二十世纪八九十年代中期的日本高度相似，当时是日元对美元大幅升值，日经指数持续攀升到崩盘，房地产泡沫膨胀到破灭。之后，持续十年萎靡不振。中国除了跟中国男足一样表现的股市外，其他表象都极其相似，或者说中国 A 股提前破灭已经反映出了"日本病"。人民币温水煮青蛙式的升值、房地产泡沫等待最后一针。

笔者认为，为避免出现"日本病"，在人民币国际化、资本项开放之前，人民币当适度贬值。

人民币被高估

奢侈品和纽约的名牌商品折扣店或许不具有说服力，而纽约普通商品的价格基本和中国大城市持平或相对较低。需要指出的是，纽约的香烟和人工成本大概是北京的数倍。

如果用购买力评价人民币，无论在欧洲还是美国，人民币都被严重高估了。更何况中国人的人均收入是欧美的三分之一到四分之一甚至更低，而中国普通商品价格高于欧美，无论怎么说都是不合适的。2012 年，美国人均年收入 42693 美元；2012 年中国城镇居民人均可支配收入 24565 元人民币（约合 3900 美元）。

国内也有很多学者主张人民币大幅升值。比如，经济学家滕泰，他曾在《华夏时报》发表过主张人民币升值的文章，他说："升值以后出口增速放缓、进口加快，国内货物多了、物价便宜了，消费者受益。实际上出口企业只是中国经济的一小部分，到底是一小部分出口企业的利益重要，还是 14 亿消费者的利益重要？全世界的消费者都盼着自己的货币升值，因为本币升值的第一受益者就是消费者。而不升值呢？就是用消费者福利补贴出口企业。"

实际情况远非如此，自 2005 年汇改 8 年多以来人民币累计升值超 35%，实际有效汇率累计升值 30%；无论官方统计局数据还是民众感受，中国物价都是上涨的，通货膨胀都能明显感受到。人民币升值显然对抑制中国的物价没有起到作用。如上述例子，同样的产品在中国都是在欧美的三到四倍价格。

扣除关税、物流成本和外国企业利润提成，这么高的价格差还是不合理的，人民币升值并未缩小这一差距。

作为央行官员，易纲教授指出人民币升值有好处，亦有为人民币升值背书的意味，这点可以理解；同时，易纲作为外管局局长，指出外汇储备过多，并指出人民币升值的好处，还有更深的一层含义被大众完全忽略了，即你觉得人民币对内贬值，完全可以将人民币兑换成外币，然后享受上述"福利"，这样一方面减少外汇储备过多的压力，另一方面可以让全民享受人民币升值带来的福利。但笔者认为，易纲先生作为专家型官员思维太直线了。

中国人最大的偏好是买涨不买跌，只要涨什么都敢买，比如黄金和大多数人都搞不懂的天价比特币。如果美元一直跌，没人会买的，只有人民币对美元贬值、美元大幅升值的拐点出现，国民才会将人民币兑换成美元，实现藏汇于民。

解决内贬外升的重要途径

关于人民币内贬，就是通货膨胀，年初笔者曾专门撰文讨论过，主要的原因是成本推行型包括人工成本、税费成本和垄断贪腐成本较高；输入通胀、输出通缩；混合型等（详见《华夏时报》3 月 15 日文《中国式通胀》）。

人民币升值最主要的原因是因为人民币一直升值；另一个原因是套利。第一个原因看起来是废话，其实却是主要原因。自 2005 年 7 月中国人民银行启动汇改以来，人民币持续升值，目前，已经升到很多人换美元到美国买更便宜东西的地步了，人民币升值出现严重的扭曲。

这就导致海外各种资本追逐人民币，以虚假贸易、投资等方式进入中国，而中国资本项并未开放，央行得发行基础货币收购外汇，从而造成中国很富有的假象。这个世界第一是虚假的财富，这只是央行资产负债表的膨胀。央行或财政部并不拥有所有权，类似于企业或个人将外汇托管于央行。

目前，中国一年期存款利率是 3%，而欧美等主要经济体的利率接近于 0，这样更驱使境外资本到中国套取利率、汇率双重利益。

截至 2013 年 9 月底，国家外汇储备余额为 3.66 万亿美元，再度创出历史新高。这让央行至少发行基础货币 22.46 万亿人民币来收购这些外汇（以前发行的更多），这一惊人数据随时会造成通胀压力，如果不减少外汇储备，央行还得发行基础货币收购。

连易纲都觉得外汇储备过剩了，他称，积累高额外汇储备需要付出成本，因为大量出口导致了顺差的出现，这使得国内资源和环境承受压力，央行积累外储亦不得不吐出大量基础货币，引发对冲操作的成本提高，亦是对金融资源配置的干预。

易纲表示，中国需要保持一定规模的外汇储备，但当前无论用哪种模型测算，都已经过了外汇储备最优量，弊端的影响较显著。解决的途径就是国际收支平衡，他提出，要使得外汇储备维持在合理状态，中国必须坚持扩内需、调结构、减顺差、促平衡。具体包括，确立并实现外部平衡的调控目标，建立机制灵活、富有弹性的浮动汇率机制，拓展外汇资金流出渠道，加强对异常跨境资金流动的管理。

人民币贬值预期形成，有利于防止国际资本流入套利，从而减少央行基础货币投放，也减少了通货膨胀压力，对于消除"内贬"也是有利的。

人民币贬值会导致中国出口增加造成贸易逆差吗？我们看看主张人民币升值的滕泰先生的研究成果："反对人民币升值的理由是说升值快了会影响出口，这也是一个想象而已。比如说我们看到中国过去十几年的出口，2005 年以前人民币汇率基本保持稳定，但是出口增速有涨有跌；2006 年、2007 年、2008 年升值最快，可出口增长也最快。现在我们人民币甚至又提速了，6、7 月份出口和顺差都在高速增长。所以说人民币升值会不会影响出口？从过去十年的数据来看，只是一个想象，没有那么多的实证关联度。"

既然没有那么多的关联度，人民币为何不对外贬值解决内贬外升呢？

谨防"日本病"

早在 2012 年 5 月，经济学家谢国忠接受笔者采访的时候已经表示过，如果中国不进行改革，将不可避免地出现二十世纪八九十年代的"日本病"。他当时是这么说的："中国经济的出路在改革，政府放权。"

从目前的状况看，中国具备了爆发"日本病"的一切条件，好在最近一系列改革措施正在推进。三中全会在经济金融改革方面做出了一些针对"日本病"出现和爆发的改革措施，希望能够真正落实。

"日本病"的一个主要表象是日元对美元的大幅升值。不同的是，日元是突然升值；而中国的情况是对美元逐步升值，很有温水煮青蛙的感觉，甚至很多人觉得很舒服。

另外一个表象是房地产泡沫的破裂。美国经济发展最好的时期是克林顿出任总统时期，最近，克林顿对中国经济发展的建议是不要过分依赖房地产，汲取美国经济发展的教训。

日本房价暴跌大概起源于二十世纪八十年代增加土地供应，类似于中国城乡一体化用地，最近，国务院要求不动产登记联网，就连开发商潘石屹都觉得如果这个网络建立起来，房价会大跌，虽然后来他否认自己看空楼市，但其在上海抛售了3个楼宇项目却是事实。

而更早之前，被称为"超人"的香港首富李嘉诚大规模出售旗下的房地产。当9月初融创集团以21亿元在北京高价拿地时，万科董事会主席王石曾说："精明的李嘉诚先生在卖北京、上海的物业，这是一个信号，小心！"

难道李嘉诚和潘石屹觉得房价还会涨，于是把房子卖了？

好在，当局改革措施跟去年谢国忠建议的大致方向一致，他要求政府放权，放弃凯恩斯主义，避免经济刺激计划。而让人担忧的是，地方政府依然热衷于经济刺激计划，并且比当年的4万亿规模更大。

我们唯一安全的是股市，也许是早有先见之明过早地跌下去了。

目前股市这个点位，是不怕崩盘的，还能跌到哪去呢？

（作者注：此文发表两个月后人民币大幅贬值，嗯，就跟之前这篇文章分析的道理一样。）

降息降准会带来的三大金融恶果

（2016 年 8 月 12 日）

尽管央行二季度货币政策报告为降准降温不少，但是，央行还得承受不小的降息、降准的压力。

这个阶段，如果降息、降准发生，直接导致的金融后果：一是人民币贬值的压力进一步加大；二是银行存贷款期限错配、利率倒挂；三是进一步增加存款活期化，导致 M1 进一步增加，增加通货膨胀压力，最终形成滞涨局面；四是刺激资产泡沫扩大。

呼吁已久的减免税有所行动，特别是个人所得税可以抵扣，这才是朝着正确方向行动。

降息降准本币贬值

这次的货币政策报告专栏文章有如下一段表述："若频繁降准会大量投放流动性，促使市场利率下行，加上其信号意义较强，容易强化对政策放松的预期，导致本币贬值压力加大，外汇储备下降。"

这几乎等同于表示"在人民币贬值压力没有消除的情况下，央行不会频繁降准"。

但是，仍然有券商解读为"不会频繁"不等于不降。

另一项货币政策是降息，很多人拿不久前的一个会议施压，降低企业成本。

众所周知，在人民币新汇改正好一周年之际，人民币面临了巨大的贬值压力。

央行报告数据显示，6月末，金融机构外币各项贷款余额为7851亿美元，比年初减少452亿美元，同比少增857亿美元，与人民币汇率预期变化有关。

外汇存款减少最直接的解释就是，流失了！

在本币面临贬值的情况下，任何国家采取的措施都是减少本币供应量，还有加息。在我国，减少货币供应量最常用的措施是提高存款准备金率而不是降准。

加息，在经济下滑期间肯定是不可取的。不过，在各方压力的干预下反而会降息，这样的话国际资本流出套利会发生，人民币进一步贬值的压力会更大。

降息降准导致存贷款错配

二季度货币政策报告已经明确分析了存款活期化是导致M1暴增的原因之一；另一方面，中长期贷款增长较快。如果此时降息降准，会导致存贷款无论在期限上还是在利率上都会形成错配与倒挂。

央行报告：从人民币存款期限看，存款趋于活期化，住户存款和非金融企业存款上半年增量中活期占比为44.2%，比2015年同期提升31.8个百分点；从人民币存款部门分布看，非金融企业存款同比多增较多，2016年上半年同比多增1.5万亿元，其中非金融企业活期存款同比多增达1.6万亿元，这也直接推升M1增速。

贷款方面，中国人民银行提出"个人住房贷款及汽车贷款等消费贷款增长明显加快"。2016年上半年，个人住房贷款增加2.3万亿元，同比多增1.2万亿元；6月末增速达32.2%，月度增量也屡创新高，这主要是因为上半年商品房销售增速较高，带动个人住房贷款较快增长。

从人民币贷款期限看，中长期贷款增量占比进一步提高。2016年上半年，中长期贷款比年初增加5.2万亿元，同比多增1.5万亿元，增量占比为69.1%，比2015年同期提高13.3个百分点。

仔细读央行的货币政策报告，会发现信贷资金2015年流入股市较多，2016年流入楼市较猛。

这时候降息降准，资金真正流入实体的并不一定会比这两年多。最致命的是，会加剧存款活期化，而贷款明显中长期增长迅速，这样极其容易形成期限错配。

若再降息，实际利率比较高，特别是中小银行要稳定存款必然会提高存款利率，而为了确保优质客户贷款利率会拉低，对这些中小银行而言会形成存贷款利率倒挂。

降息降准会形成滞涨压力

尽管目前，通货膨胀率很低，但是，对通货膨胀造成压力的由弱到强的顺序分别是 M2、M1 和 M0。M1 由活期存款和现金组成，随时可以变成消费和投资资金，也会变成购汇资金。前者会形成通货膨胀；后者进一步形成人民币汇率稳定的不确定因素，加大人民币贬值压力。

6 月末，广义货币供应量 M2 余额为 149 万亿元，同比增长 11.8%。2016 年上半年，M2 增速总体有所回落，主要与外汇占款同比多减、同业业务运作更为规范、部分企业现金流改善后归还高成本融资、财政存款同比多增等因素有关，并在较大程度上受到 2015 年上半年股市活跃推高 M2 基数的影响。受 2015 年年中应对股市波动导致基数较高等影响，7 月份 M2 增速仍会进一步下降，之后有望逐步回归。6 月末，狭义货币供应量 M1 余额为 44.4 万亿元，同比增长 24.6%，增速比 3 月末高 2.5 个百分点。流通中货币 M0 余额为 6.3 万亿元，同比增长 7.2%，增速比 3 月末高 2.8 个百分点。

M2 存量已经连创世界第一，M1 增速爆表，M0 有些不正常发展，这些不是现实中的通胀压力是什么？

同样，报告中的数据显示，前两篇文章都提到过，M1 大部分构成主要是企业存款组成的，说明企业整体而言并不缺钱，而是不愿意投资和消费，造成这种局面的原因也很多，但是，绝不是货币政策的原因。

6 月末，金融机构超额准备金率为 2.1%。其中，农村信用社为 7.9%，比 3 月末进一步提高，说明银行也不缺钱，如果降低存款准备金率，会直接变成超额存款准备金，特别是农村信用社，因为，农村信用社比其他商业银行少提高几次存款准备金率。如果央行贸然降准，其他商业银行也会是农村信用社一样的结果，最终还是存放央行形成超额存款准备金而已。

另外，如前所述，如果降准、降息资金依然如故，股市和楼市来回转移，不停地刺激泡沫，这跟降杠杆、降泡沫直接违背。

（发表于新浪财经、个人微信公众号：hejiangbingjinrong）

民营银行新挑战与前景

（2018 年 12 月 17 日）

11 月 25 日，中国银保监会批准了富邦华一银行有限公司筹建重庆分行等 10 项外资银行、保险机构市场准入申请，并表示，"银保监会加大对外开放力度"。在此背景之下，就银行业而言，对国有银行、大型商业银行和农村银行类金融机构冲击并不是很大，冲击最大的或是刚刚起步不久的民营银行了。并且，未来民营银行和外资银行的准入门槛甚至会并轨。

在整个银行业受到互联网深度影响、困难重重的情况下，民营银行的出路在哪？

先天困境

民营银行起步较晚。自 2014 年开闸以来，民营银行的设立工作稳步推进，逐步进入了常态化阶段。2017 年 7 月召开的全国金融工作会议更明确指出支持发展中小银行和民营金融机构，为民营资本带来了新的发展机遇。

放开民营资本进入银行业的背景是：中国现有金融体系仍无法有效覆盖小微企业、"三农"、普惠个人等长尾客户，市场亟需新生力量的注入，在渠道覆盖、运营、风控上取得突破，通过技术手段和创新模式，以成本有效的方式触达长尾客户，覆盖碎片化的金融需求，激活金融市场活力。

而在批准之前，大量的互联网金融机构早已杀入上述空白区，比如大家所熟知的网贷 P2P 等，由于网贷 P2P 的诸多问题密集爆发，民营银行在拓展这些领域时必将困难重重。

与传统的银行业相比，民营银行普遍存在的问题主要有：起步晚、知名度不高、品牌认知度不高等现实问题；在内部，人才少、熟练操作人员不足等；在技术、网络、基础建设等方面很难与大银行相提并论；在股东背景方面更是天壤之别。

据我了解，除了微众和网商，其他民营银行均步履艰难。

负债是民营银行最大的困境。利率市场化是未来甚至是正在发生的趋势，在大行间推行利率市场化存在一定的风险，但民营银行规模小、创新意识足、体系灵活，理应是利率市场化这一政策最好的试验田。这个值得监管部门思考。

另辟蹊径

由于先天不足，民营银行要获得稳定健康的成长，就不能再跟以前的银行那样铺摊子、拼规模了。民营银行必须创新，民营银行需要借助互联网企业的优势增加"流量"和实现风险控制。

互联网巨头拥有强大的科技能力和大数据，银行不可能在这方面超过他们，最好的方式是与之合作而不是全面竞争。比如，中国民生银行的信贷风险控制就引进了百度云的风险预警服务等。

民营银行的特殊模式也决定了其只能更多依赖互联网，虽然这样做有一定的技术门槛但成本相对传统线下低，所以理应有不同于传统银行的定价模式，方能体现其合理性。在这方面，绝大多数民营银行存在资金来源不足的问题，极大阻碍了民营银行为更多长尾客户服务。有鉴于此，监管部门应该让民营银行在筹集资金方面更多创新，在确保金融安全的前提下"先试先行"。

由于民营银行起步晚，既是劣势也是优势，基本没有历史包袱，贷款收益高，足够覆盖相对较高的负债成本。

由于银保监会对银行的准入非常审慎，发起人有足够能力发展民营银行和承担风险。

有鉴于此，对民营银行的风险容忍度也需要提高。

各有特色

按股东和模式分，民营银行大致可以分为两类：互联网银行和实业银行。金融实力强大的阿里巴巴旗下金融板块，为解决 C2C 电商中交易信任的问题，创新了交易担保的第三方支付模式；为解决海量小微商户的资金困难，成立了小贷公司，开展小微商户融资贷款；进一步提升客户黏性和生态圈活力，逐步接入货币基金、信用支付、移动支付等全方位金融产品；最后获取民营银行牌照，整合金融板块资源。

互联网龙头 BATJ（百度、阿里、腾讯和京东）都与大型银行有深度合作或者拥有自己的银行，一般会利用强大的网上优势开办网络银行，比如腾讯的微众银行。

实业办银行也各具特色，以湖南三湘银行为例，三一重工集团是其最大股东。该行董事长梁在中曾公开表示，三湘银行将依托大型制造行业实现金融和产业的结合，并且只做产业链金融。

无论哪种模式，民营银行自创立之初都给人以耳目一新的形象。

同样扶持

另外，民营银行要有足够宽容的监管支持和财税优惠政策。监管当局应该把民营银行全部纳入普惠金融范畴予以支持。

银保监会曾表示，完善货币信贷支持政策。对普惠金融领域贷款达到一定标准的金融机构实施定向降准政策，继续落实并完善对各类普惠金融服务机构的优惠存款准备金率政策，发挥支农、支小再贷款、再贴现对资金投向、利率的传导功能，创设扶贫再贷款，同时发挥宏观审慎工具的激励引导作用。

银保监会还专门发文称：加大财税政策支持力度。对金融机构符合条件的普惠金融领域贷款实行免征增值税、印花税，减征所得税，提高贷款损失准备税前扣除标准，扩大呆账核销自主权等税收优惠。整合设立普惠金融发展专项资金，加大对新型农村金融机构和西部基础金融服务薄弱地区金融机构支持力度。对保险公司种植业、养殖业保费收入实行所得税优惠，对农业保险实行保费补贴，开展农业大灾保险试点。

　　监管部门尽快与财税部门落实对普惠金融的优惠政策是当务之急。

　　由于民营银行尚属新生事物，社会大众的理解与支持也是其成功的关键。

（发表于新浪财经意见领袖专栏，部分资料来自罗兰贝格公司）

50人论坛谈常识也可贵

（2018年9月25日）

这个月最受关注的财经热点可能就是"纪念中国改革开放四十年暨50人论坛成立二十周年学术研讨会"了。官学商有头有脸的财经大咖悉数到场，给沉闷的财经金融界带了一丝生机。除了论述中国早全面超过美国的清华大学胡鞍钢教授在为非洲人民操碎了心外，大多数前经济官员、学者、体制内外专家和企业家均表达出了对当下经济、金融、财税等诸多问题的忧虑。

让人想不到的是，9月16日参会者在北京纪念改革开放40周年，这次论坛本身居然成了财经热点和争议话题。

有很多财经人士表示，在当下，能如此大尺度地对财经政策提出批评实在难得；另一种声音表示，这不过是幼儿园级的经济常识讨论。

根据新浪网的直播报道，本次的主要话题基本上围绕着经济学家吴敬琏提出的两大主题进行，一个是坚持推动市场经济改革和法治建设；另一个是支持民营经济发展。除了林毅夫和胡鞍钢外，其他与会者多表达了对当下经济、金融、财税、企业发展、产权改革等方面的忧虑。

从历史上来看，这次50人论坛并未有经济等方面的突破，大多对现有存在的问题提出了建议。在现有的环境之下，能坚持讲问题、谈常识，在我看来已经难能可贵了。

更多的经济学家、体制内官员、前官员、企业界人士都能清醒认识到现在经济运行中的种种问题，提出问题，并给出了解决之道，十分难得。

很多常识需要经常讲，比如对中国经济体制改革有重要影响力的吴敬琏说：改革开放 40 年带给我国的主要经验就是"一定要坚持市场化、法制化的改革方向"。凡是市场化、法制化的改革推进得比较好的时候，我国经济增长的质量和速度就表现得比较好。而当改革进行得不顺利甚至出现曲折的时候，社会主义建设事业就会遇到挫折，各方面的进步就会出现减慢甚至倒退。

全国政协经济委员会副主任杨伟民提出：要从简政放权到减政，减权，减税，减费。经济学家盛洪也表示，高税费让中国经济处于崩溃的边沿。吴晓灵表示：通过立法、司法博弈，调整利益，才能奠定社会稳定的基石。让国家全面进入法制轨道，才能有效防止贪腐，避免中国陷入黄宗羲定律。她认为，改革的新使命就是让国家全面进入法制轨道，让宪法赋予人民的权利能够得到充分保护，让人民选举的政府能在法律授权下依法行政。

中国社会科学院前副院长李扬通过调研发现，在民营经济最为活跃的广东省国资凯歌行进，李扬提醒称，弊端也是显然的，因为普遍国企的效率比民企还是低一些的。"特别是我们看到有一些国企开始往民企派领导，很有可能就窒息了它原来的生命力。"

50 人论坛上重量级财经界有影响力的人士主旋律是讲常识，而不是唱赞歌且少数唱的也无人附和，也算一件难得的好事。

经济学家张曙光进言内涵

前不久的 50 人论坛上，有一位著名的经济学家张曙光老先生的发言可谓该论坛创办以来最特殊的一个发言了，他照着手机念了他为本次论坛而写的千字文《从孟母三迁看中国的国际战略》，从众所周知的故事讲起，直白通俗易懂。

"孟母三迁"故事可谓妇孺皆知了。张老写道：孟子少时家住在坟墓附近，他就嬉戏墓间筑埋之事。孟母认为"此非吾所以处吾子也"，所以举家搬迁。一迁近于市，二迁近于屠，皆以为不妥。第三次迁徙，至学宫之旁，孟子嬉戏乃设俎豆，揖让进退。孟母曰"此真可以居子也"，遂长居于此。

等到孟子长大，读私塾，成为大儒，世称亚圣。可见孟母眼光之远大，心胸之开阔，决策之明智。

这个故事说明，环境对于一个人的学习和成长的影响是至关重要的。正可谓近朱者赤，近墨者黑，一个人如此，一个国家也是一样。稍微有一点差别，就是个人可以迁移，国家不能迁移，但是国家可以选择。

从经典的故事写到了国家，以家寓国，水到渠成。

很快，张老进入了主题：

事实上"物以类聚、人以群分"，那就要看与谁结友、与谁为伍、与谁同行，这是历史的大道理，不是小儿的过家家。

最后，张曙光先生希望尽快结束中美纠纷，重新回到正常关系的轨道上去，如同孟母选择好邻居那样。

限于时间和篇幅的限制，张老并未详细阐述，但是，已经把他自己想表达的内涵完全展示了出来。国家也要顺势而为，不要跟逆潮流的国家走得太近，而是要拥抱现代文明，跟正常国家、发达国家走得更近才对中国最有利。

在当前的国内外环境之下，中国经济学界主流还是能讲真话、讲实情、讲常识的，当然也有只唱赞歌、无节制、无节操的溜须拍马之徒，好在，那是极其个别人和个别现象，为真正的中国经济学人所不齿。

现在，中国也到了择邻而居的时候了。

（发表于新浪财经意见领袖专栏）

第四章

银行之变

"金融倒爷"致使宏观调控失效，银行缺钱的根源：利率双轨制

（2013年6月27日）

摘要： 今天的中国金融也存在利率双轨制：一个是中国人民银行规定的商业银行法定存贷款利率；一个是市场定价的利率。

"倒爷"这个词流行于二十世纪八十年代，当时处于价格双轨制，一部分有路子的人通过关系以计划的价格买入物资，再以市场的价格卖出，赚取差价，是为倒爷。今天的中国金融也存在利率双轨制：一个是中国人民银行规定的商业银行法定存贷款利率；一个是市场定价的利率。央行规定了存款利率上限和贷款利率下限，且市场利率远高于法定利率。

"金融倒爷"就是那些将以法定利率吸收的存款用较低的价格拿走，再以市场利率投放出去的机构或个人。"金融倒爷"有四类：一，在中国，影子银行包括信托，是典型的倒爷，中国的信托是反信托的，就是影子银行；二，银行，这个很多人不理解，因为存款要交准备金，贷款要受规模、贷存比、资本充足率等限制，于是，银行会把一部分存款转化成表外的理财，再以较贷款利率更高的价格投放出去；三，企业和个人，经常会发现很多企业和个人发放贷款（或者变相发放贷款）；四，非法集资，严格地讲非法集资者也是一种倒爷，只不过抢了银行的生意而已，它是用较高的价格把银行的存款拉了出来，然后以更高的价格放

出去。

前三种不构成犯罪，因为他们有关系，有合法身份，利用所谓的"金融创新"抽血，是"官倒"；后一种是犯罪，是"民倒"，他们无合法身份，只是简单的高息揽储。

逐利是资本的天性。

既然存在利率双轨制，那么从银行挖出存款流入收益更高的地方是必然的。长期从银行抽水，总有被抽干的时候，于是，今年6月，银行的水终于被抽干了，银行流动性枯竭！

银行间爆发流动性危机最直接的导火索是，与"买入返售"直接相关，银行或动用了银行间拆借资金用于期限较长的信托产品，导致期限错配。中小银行用此业务较多，而网上传说中的中国银行违约，属于误报。本人向从事该业务的其他银行交易人士求证过，得到的答案是，中国银行没有从事买入返售业务。四大行流动性好于中小银行。盘活存量就是要清退这些业务。

银行与信托之间的"买入返售"业务属于金融"创新"，是信托公司卖给银行的"信托收益权"，然后银行用拆借资金互相买卖信托收益权，信托产品期限一般在一年左右，银行拆借资金时间很短，只有几天或数周。这样就产生了期限错配问题。

但是，这并不是银行缺钱的根本原因，因为，不可能所有的银行都在6月错配，银行也不可能是短期买卖这类产品。问题的根源就只能是利率双轨制。

被银行称作"央妈"的央行为何在商业银行逼宫的情况下不降低存款准备金率，向银行释放流动性呢？

第一，中国不缺货币，中国缺的是官方利率下的货币，也就是银行缺钱；第二，在利率双轨制存在的情况下，央行注入再多的流动性，都会被"金融倒爷"们抽走；第三，中国的M2已经世界第一，下调存款准备金率难道要创造宇宙第一？

价格双轨制时代产生了很多倒爷；利率双轨制产生了很多"金融倒爷"。这些"金融倒爷"直接导致了很多宏观调控的失败。

为什么房地产调控十年越调越高？是措施不够严厉吗？不是，一个原因是土地财政造成地方靠卖地增加收入，地价越来越高。另一个重要的原因是，开发商不缺钱，国家限制银行向开发商贷款，没有关系，他们通过信托筹集资金。今年开发商到期的本息就有 3200 多亿元，假如没有信托这个"金融倒爷"帮忙，开发商撑得下去吗？

地方融资，产能过剩产业，比如煤炭行业，他们都会求助于"金融倒爷"帮忙筹资，银行也能做，无非是换种方式，将存款变成理财产品，再通过信托、其他金融机构一阵折腾最终投向国家严令禁止的行业。

目前，一年期存款利率为 3%，上浮后为 3.3%；一年期贷款利率为 6%，可以打八折。而市场利率是多少呢？各个地区和不同的时期，融资成本超过 10% 是正常的，有些信托产品的预期收益率高达 30%，还有的超过 50%，真不知道哪个行业有如此利润率。

6 月 20 日，上海银行间同业拆放利率（Shibor）达到 13.444%，很高吗？不高，这无非是接近市场利率而已。

"金融倒爷"从银行倒腾出多少存款无法统计，但是，仅仅影子银行的规模就相当吓人。2012 年年底，官方数据显示，中国影子银行体系规模达到 14.6 万亿元。标准普尔则估计为 22.9 万亿元，相当于银行业贷款总额的 34%，同时相当于 2012 年中国 GDP 的 44%。而按照中金公司的预测，这个数字是 27 万亿元左右，已经占到 GDP 的五成。

这些资金都是从银行流出的，央行注入流动性只能加速"金融倒爷"从银行倒腾出更多的资金，更加扭曲调控。真乃治标不治本。

利率市场化改革迫在眉睫。不推进利率市场化，不取消利率双轨制，"金融倒爷"就会一直存在下去，无非变种玩法，银行池子里的水也会被抽干，无论央行如何释放流动性。

不推进利率市场化，宏观调控的努力一样会付之东流。

（作者注：此文发表不到一个月，央行取消贷款下限，向利率市场化迈出了一大步，期间，我在微博上曾表示：知道央行为何不迅速救银行吗？央行在倒逼利率市场化。）

调控落后产能可能威胁信托，买入返售导致银行缺钱

（2013 年 6 月 22 日）

6 月 20 日，这个日子要写进历史，起码要进中国金融史。

这一天，中国女宇航员王亚平在太空上为 6000 多万中国的中小学生上了一课，讲的是在太空失重状况下的物理表现。这一天上海银行间同业拆放利率（Shibor）隔夜质押式回购收于 13.444%，最高成交利率为 30%，市场利率大幅波动，资金在游离于实体经济之外、虚拟经济之中出现一度失控的状况。可以说，这也等于给中国的商业银行上了一节重要的"失重"课。这一天股市的下跌可以忽略不计了。

有人问我：银行会出现挤兑吗？答：不会。银行会出现严重的危机吗？答：不会，但会有一些麻烦。问：银行的钱哪儿去了？答：大部分放贷款了，一时半会儿收不回来。一部分进入其他金融系统形成资金空转；关键是：被影子银行吸走，而影子银行投放出去的资金风险更大，可能已经出现问题了，于是，影子银行会用更高的利率继续从银行系统吸收资金从而导致银行缺钱。

银行缺钱表面上看是银行的问题，但是，在我看来，根源是影子银行出现系统性风险了，而最大的影子银行——信托行业的风险可能最先系统性爆发，从而导致中国式的次贷危机。

这次银行缺钱可能与"买入返售"直接相关，银行或动用了银行间拆借资金

用于期限较长的信托产品，导致期限错配。中小银行用此业务较多，而网上传说中的中国银行违约，属于误报。《华夏时报》向从事该业务的其他银行交易人士求证过，得到的答案是，中国银行没有从事买入返售业务。盘活存量就是要清退这些业务。

导致银行缺钱的另一重要原因是：利率的"二元化"，即商业银行按央行规定的基准利率执行，一般年利率为3%；而非银行金融机构或影子银行的收益率（相当于银行利率）一般超过10%，最高的超过50%，这也是银行资金流入影子银行的最重要的原因之一。

中国信托业为何会出现系统性风险？这是因为，第一，从本质和概念上来看中国所谓的信托，是反信托的。信托即受人之托，代人管理财物，是指委托人基于对受托人的信任，将其财产权委托给受托人，由受托人按照委托人的意愿以自己的名义，为受益人（委托人）的利益或其他特定目的进行管理或处分的行为。

简单对比国内外信托的含义就能明白，真正的信托，国外：1.有一笔资金需要管理→2.发起成立信托→3.寻找项目投资；而中国式信托是颠倒的：1.有一个项目需要资金→2.发起成立信托→3.寻找资金融资。

第二，信托自此演变成重要的影子银行，更可怕的是，很多信托干的是反调控的项目。正常的项目和行业基本都能从商业银行获得贷款，贷款成本相对较低，而受国家宏观调控和一些产能过剩行业不能从银行获得贷款影响，这些项目于是便会求助于信托，以支付高额利息为代价获得资金。比如，信托项目很多是房地产项目、煤炭等。

据21世纪网报道，2012年以来，信托机构累计成立122款涉煤产品，实际发行规模仅为267.31亿元。煤炭价格的下滑，也让相关信托产品兑付风险升级。

从"中国信托业协会"网站上公布的消息来看，一季度，信托资金有9.4%投入到了房地产行业。

中金公司的研究报告显示，2012年和2013年房地产信托分别到期2200亿元和2816亿元，加上应该支付的利息，总还款额分别约2500亿元和3100亿元。去年曝出的信托项目兑付危机，最终侥幸度过。今年银行缺钱，流动性危机，今年的偿付高峰，信托能否按期兑付？

第三，信托爆发式增长，乱象横生，而监管严重不足。美国前财长保尔森总结美国爆发金融危机的最重要的教训是，金融监管跟不上金融创新，监管力量不足；资本充足率不足；流动性短缺。而中国的信托行业均存在上述问题，随时具备爆发信托性风险的一切条件。

信托行业对资本金要求无强制性规定，其流动性主要来源是通过高"收益"从银行抢存款，其利率可高达 30% 以上，这种疯狂一旦破灭，其流动性瞬间枯竭。

同样据信托业协会网消息，一季度末，信托公司全行业信托资产规模为 8.73 万亿元，与去年一季度末 5.30 万亿元相比，同比增长 64.72%；与去年四季度末 7.47 万亿元相比，环比增长 16.87%。而据统计，截至 2007 年底，中国信托业 54 家信托公司固有资产总额 815 亿元，增长了 20%；信托资产 9614 亿元。

信托业规模倍增的同时，监管显得严重不足，且不论监管能力如何，银监会直接负责监管信托的不过区区十来人；全国银监系统负责监管信托的不过两三百人。

这就是资产排名超过保险行业，仅次于银行业的信托行业的监管现状。

为什么银行不会出现挤兑和系统性风险呢？

尽管目前爆发货币危机的市场是银行间拆借市场，但是，银行有以下几点可以确保市场稳定：

第一，资本充足率高，去年底，全国商业银行整体加权平均资本充足率 13.25%，同比上升 0.54 个百分点。

第二，不良贷款占比较低。截至去年底，全国商业银行不良贷款余额 1.07 万亿元，比年初增加 234 亿元，不良贷款率 1.56%，同比下降 0.22 个百分点。

也就是说，商业银行可以收回到期贷款，以增强其流动性，而且大部分贷款是可以收回来的，尽管短期存在流动性不足，但是，中长期是毫无问题的。这就是所谓的盘活存量。

第三，商业银行有大量存入央行的准备金、超额准备金，甚至可以获得央行再贷款。中国的商业银行存入央行的准备金是世界上最多的，大约 17 万亿人民币。在商业银行的确遇到支付危机——而不是银行间拆借利率高的情况下，央行可以下调存款准备金率，或者定向下调，或者不对称下调存款准备金率缓解商业银行流动性。央行还可以进行逆回购，甚至向出现支付危机的银行再贷款等。

而信托行业出现集中兑付拿什么应对呢？

理论和法律上银行不会为信托产品埋单，但是，出于维稳等需要会承担部分责任，银行的资产也非万无一失，特别是经济下滑过程中。而信托的风险百倍于银行。

（作者注：到目前为止，如当初的判断，银行并未出现大范围挤兑风波，也暂未出现系统性风险；反观信托行业，各种问题此起彼伏，不是已经爆发，就是在爆发的途中。）

"央妈"会放水救非银钱荒危机吗？ NO

（2016 年 12 月 29 日）

12 月 27 日，交易所隔夜国债逆回购利率飙升到年化收益率 33%，至 28 日午后，再度冲破 20%。据《中国证券报》报道，在经过 12 月上半月的债市暴跌和少数券商"赖皮式"否认债券代持后，一些非银机构信用尽失，进而蜂拥进交易所向小散户们借"高利贷"。这不禁让人想到近日沸沸扬扬的侨兴私募债。于是，有金融界人士分析称，央行要为此降准了。

你想多了，不会的。为什么不会？

即便未来央行降低存款准备金率，那也是稳增长，支持实体经济的考量，而非救非银机构，不要自作多情哈。

第一，央行并不是对所有金融机构负直接责任。

记得 21 世纪初，在金融改革启动之际，中央定下的金融改革原则是：谁的孩子谁抱走。没错，这个原则很通俗易懂。这句话包含了产权问题，股东负责。

中央把中农工建四大行抱走了，各省把农村信用社抱走了，各大小城市把城市商业银行抱走了。并且，各自负责不良贷款处置，处置最好的当然是中央，财政部出资成立了四大资产管理公司，本来只让他们活十年的，没办法，做得太好了，银行不良贷款越处置越多，现在都在上市或上市的路上了。

第二，违规问题、违法问题主要不归央行负责。

债券发行一部分归证监会监管，一部分归发改委监管，央行曾经监管过金融债，非银行金融机构归银监会监管。

至于伪造印证，把萝卜当作主要金融机构工具使用，涉嫌违法犯罪了，这个归司法机构查处了。

这时候，你让"央妈"放水，你想浑水摸鱼吗？

类似于侨兴债务违约案，典型的涉嫌金融诈骗案，据此威胁央行降准，无耻和可笑。

第三，这是去泡沫，降杠杆的时机。

为搞懂侨兴私募债问题，笔者专门采访了一下国泰君安固定收益部董事总经理周文渊，他分析根源只有六个字：现在杠杆太高。

中央喊你去杠杆呢。

第四，非银空转导致实体经济资金不足。

流传很广的故事告诉你关于资金不进实体的空转：企业发 100 万元债券，年支息 4 万元。筹集的 100 万元资金买了银行理财，年获利 5 万元，净利 1 万元。银行理财打包给券商，年获利 6 万元，净利 1 万元。券商又借银行贷款 200 万元，合计买了 300 万元企业的债券，年获利 12 万元，支付银行理财 6 万元加 5 万元贷款利息，获利 1 万元。大家都赚钱，主要是因为后面发债 200 万元的未必也买理财，他们支付的利息成了金融系统的收益。这种玩法提高了资金成本，这也是虚拟经济的危害，也导致央行放的水很大部分在空转。一，这仅是举例，具体数据参考即可，就不要纠缠利息多少了。二，银行的理财和信贷两条线，不同考核指标，可能就是表内表外区别。三，企业四个点从券商拿钱，银行五个点从企业拿，券商六个点从银行拿，然后再从银行信贷加杠杆。这条线驱动在券商，银行理财利润也是券商杠杆赚来的。

你以为"央妈"傻啊，再放水你们还会这么玩吧。

最后，各国央行都有一个共同的职责：维护金融稳定，民营金融机构出事会影响金融稳定安全，哪怕影响到债券市场稳定，"央妈"肯定会出手的。

周文渊认为：侨兴这个问题属于私募债务问题，和标准债务市场还不一样。

而且基本解决，不会引发危机了。

（发表于《新京报》，事实上，2017 年春节前，央行向中农工建交提供了短期借贷，并没有降准。）

金改有望三年内现重大突破，人民币国际化应提速

（2014年3月14日）

相信在未来三年里银行可以依法破产，储户会因为存款保险的建立而获得补偿，利率市场化在一年左右时间实现，人民币最迟三到六年完成资本项下可自由兑换。

笔者认为，利率市场化可以考虑与人民币国际化同步实现，让升值与贬值压力实现对冲。利率市场化的前提是央行要大幅度下调存款准备金率。无论对经济成长还是稳定利率价格水平，这都是必要的前提。

余额宝类理财产品会加速利率市场化。题外话：央行叫停腾讯和阿里的虚拟信用卡属于这两家公司并未很好与央行沟通、报备，相信会很快放行。

利率市场化的前提条件

余额宝之类的产品之所以能对银行产生冲击，根源在于利率双轨制。银行享受存款低利率，在利率市场化特别是存款利率市场化之后，余额宝之类的理财产品或会减少甚至消亡。

在银行实现利率市场化之后，必然会出现银行倒闭，最有可能出现倒闭的是城市商业银行和民营银行。农村信用社和国有商业银行受到央行和政府支持倒闭

可能性最低。

利率市场化的几个基本条件和必要的准备是：

第一，存款保险制度。此前，央行行长周小川表示，存款保险制度将会在年内完成。最早建立存款制度的国家是美国，后被各国借鉴，中国建立存款保险制度已经提到法律层面，这对保护存款人合法权利提供了资金和法律保障。

第二，银行类金融机构破产条例。在实行利率市场化之后，随着房地产、地方融资平台、产能过剩行业等方面的问题风险聚集，局域性经济金融风险爆发是可能的。部分中小银行类金融机构破产在所难免。现有法律很难适用于银行破产，据悉，存款保险应该会与破产条例同时出台。

第三，下调存款准备金率。目前，大银行的存款准备金率高达 20% 左右，这既是个问题，也是个保障。

问题是，在目前资金紧缺的状态下，维持这么高的存款准备金率，势必加剧存款价格的上涨，各类余额宝类理财产品 6% 左右的利率便是存款市场化利率的大致水平。而法定的一年期存款利率是 3%，可上浮 10%。

高存款准备金率也是个保障，央行冻结商业银行大量存款，避免了银行的放款冲动，让银行有了更多可用资金。五大国有商业银行被冻结的最多，这也是不可能在中国出现系统性金融危机的资金保障。

相比之下，农村信用社的存款准备金率最低，央行认为这是出于职能需要。而这可能会导致农村信用社不良资产更多。

国有银行被冻结资金最多，这也限制了五大行向中小银行提供融资的能力。

前两条是利率市场化制度保障，第三条是资金保障。如果要完成保经济增长和防止钱荒的目标，必须下调存款准备金率；起码应该适当下调大银行存款准备金率，发挥出国有银行调剂资金的作用和能力。

人民币国际化应提速

按照监管层的意思表达，可能是先实现利率市场化，然后再实现人民币国际化和资本项下放开。

真如各国实践的情况，在放开利率管制、实现利率市场化之后，利率会飙升，后会逐步趋于理性和合理。这一点，周小川是非常清楚的。

在中国，这种现象尤为突出，在二十世纪九十年代的高息揽储大战中有银行把存款利率拉到30%。

根据基本的金融原理，如果存款利率上升，本币应该升值。根据购买力平价来看，人民币被严重高估，资本项下放开和放弃干预外汇价格，人民币有暴跌的空间和基础。

假如利率市场化和人民币国际化同时进行，操作得当，升值与贬值可以部分实现对冲，可以适当减少央行的压力。

目前看来，这种情况发生的概率非常低。因为余额宝之类的理财产品规模越来越大，如果不早日实行利率市场化，银行的活期存款甚至定期存款会继续流失，钱荒会不时发生。

"余额宝"们会加速利率市场化，只要央行愿意，今天就能实现利率市场化。利率市场化必然抬高银行组织资金的成本，利差收窄是肯定的。已经糟糕透顶的全面破净的银行股更是雪上加霜，而银行股又是A股中权重最大的板块。

利率市场化之日，没准也是股市暴跌之际。

3月14日，央行仅仅暂停了腾讯和阿里与中信银行发行的虚拟信用卡产品，以及条码（二维码）支付等面对面支付服务，就对A股市场造成巨大冲击：中信银行在消息传出之前走势平稳，消息传出后，一度跌停，后来在香港和上海上市的中信紧急停牌，A股暴跌8.07%，腾讯港股和香港股市急剧下挫。在中信带动下银行股集体下跌带动A股下跌。

央行推动利率市场化拖不得急不得，难啊！而人民币国际化应该提速，越早越好。

（作者注：在此文发表后几天，央行宣布自3月17日起，央行将人民币对美元波动区间由1%扩大至2%，人民币弹性加强，基本放开涨跌幅，人民币国际化进一步提速。）

央行战略棋局被误解，金改步伐不能太快

（2014年3月20日）

众所周知，两条腿走路时，如果一条跨度大一条跨度小必然会摔倒或瘸。央行新一轮金融改革最重要的任务有两个：一个是利率市场化；一个是人民币国际化。这是本轮金改的两条腿，由于互联网金融的急速扩张，利率市场化的步伐太大了，因而人民币国际化被迫加快步伐。央行的一系列措施无非是让利率市场化的步伐稍微稳健一些，人民币国际化的步伐快一些，这样才不至于摔跤。

央行暂停、规范互联网金融的举措不是倒行逆施，加快人民币国际化节奏也不是冒进，都是按照自身的大战略棋局推进。

不得不说阿里巴巴的老板马云和腾讯的老板马化腾在汇改和人民币国际化中扮演了推进角色，这点恐怕是任何人包括他们自己都没想到的。央行的一些举措有很多是借鉴了民意的合法之举——包括准备金，用阴谋论和利益论看央行不仅是狭隘简直是无知。

"二马" 推进金改提速，直推利率市场化、间推汇改

尽管这十多年来一直不喜欢马云，但是，今年笔者才发现其破坏性和建设性都是世人难以达到的；马化腾的赶超能力比马云更强。这俩人无意中成为金融改革的巨大推手，这是笔者真正关注他们的原因。

笔者大概是第一个提出阿里余额宝推动了利率市场化观点的人，之后几天，

《人民日报》推出类似观点，"两会"时央行行长也明确了这一点。

现在基本达成共识了，余额宝和腾讯的理财通等发展迅猛加速了利率市场化的节奏，这也为规范和限制其发展埋下了巨大的隐患。

在笔者3月14日发表的《金改有望三年内现重大突破，人民币国际化应提速》（下称《金改》）一文中，已经把逻辑说得非常透彻了。3月15日晚间，中国人民银行宣布将人民币对美元汇率浮动幅度由1%扩大至2%。

3月18日，中国人民银行授权中国外汇交易中心在银行间外汇市场开展人民币对新西兰元直接交易。

央行显然不会听笔者的建议出台政策，但是，笔者已经分析到了央行要大幅提速汇改的决心。央行叫停"二马"的虚拟信用卡和限制第三方支付转账额度等，显然是限制利率市场化节奏的措施。

央行是反市场化和扼杀金融创新吗？显然不是。

简言之，是利率市场化的那条腿跑得太快了，人民币国际化的腿有些慢，央行一方面收缩利率市场化的腿，另一方面要加快人民币国际化短腿的步伐。

这是央行的大战略，"二马"和互联网金融的暂时被"打压"是在这一战略棋局之下的。

利率市场化成熟过快，目前绝不适合贸然推行

揣测央行的逻辑不能狭隘化、低级化。

笔者一般根据央行措施去猜测央行战略意图，但站在阴谋论和狭隘利益论角度你将永远猜不准央行的意图，比如2013年6月20日银行间出现钱荒，很多人猜测央行会下调存款准备金率缓解钱荒。但笔者分析央行不会下调存款准备金，而是要推利率市场化，6月底分别在本报和香港《成报》发表了《"金融倒爷"致使宏观调控失效，银行缺钱的根源：利率双轨制》呼吁和预测央行要推进利率市场化，我的逻辑是央行会利用这次危机让抵制利率市场化的大的商业银行彻底认识到不利率市场化，钱荒会永远存在。

大约在去年7月20日，央行取消贷款利率限制，提高存款利率上限。利率市场化取得突破性进展。

就在钱荒当下，阿里推出余额宝。收益大致是活期存款的十五倍，是定期一年存款的两倍。之后，腾讯的理财通等各类"宝宝"出现，事实上导致了存款利率的进一步市场化。

从技术上说，目前推进利率市场化的条件完全具备，那为什么不能推进呢？

笔者在《金改》一文中详细论述过，如果利率市场化启动则利率会上升→本币升值→经济增长下滑；如果完全放开资本项下→人民币国际化→鉴于购买力平价和收入状况，人民币会大幅贬值。

在这一原理下，同时启动利率市场化和人民币国际化，人民币升值和贬值互相角力，能对冲压力。

《金改》一文也说过，尽管利率市场化的一切条件都已经很成熟了，但时机不成熟。首先是利率市场化后银行存款利率上升，贷款利率不一定能上升，息差收窄，利润下滑，从而导致已经破净的股价继续下跌，银行股是权重最高的板块，必然拉动股指下跌。

其次，目前处于经济下滑周期，利率市场化提高利率增加融资成本造成不愿消费、不愿借款投资，刺激存款增长，经济会持续下滑。

再次，人民币国际化应该提速。这也是《金改》一文提到的，国际化造成人民币贬值倒是有切实好处，国内外物价均衡，刺激在国内消费；有利于刺破房地产泡沫从而使得其他领域投资消费增长；有利于出口拉动经济增长。

"央妈"打是亲骂是爱，提"宝宝"存款准备金可理解

央行最近一系列动作都被社会各界包括据传很懂央行的经济金融学家误解，扼杀互联网金融创新基本快成全民共识了。

央行行长周小川明确表示不会取缔余额宝，并在随后肯定其对推行利率市场化的作用。李克强总理第一个在《政府工作报告》中提到互联网金融，并对之认可。

假如不是为服从央行金改大战略，谁敢对金融互联网进行限制和"打压"？

比如最狠的建议莫过于央行调查统计司司长盛松成建议将余额宝类货币基金计提存款准备金。

我原本想写篇文章批之。

今早起来找到原文读了下，我原本质疑是重复计提准备金，后来发现不是。这么通俗说吧：你我他在中行、工行、建行分别存了 100 元，中、工、建三行得分别向央行缴纳准备金 20 元。你我他分别把 100 元从三大行取出存入其合作的天弘基金，天弘基金把这 300 元以协议存款形式存入招商银行，那三家银行就没有这 300 元了，不用交存款准备金了；而招行拿到的是同业协议存款，不必交存款准备金了。

懂了吧？就这样央行在存款不变的情形下少了 60 元准备金存款。而仅仅余额宝 5000 亿元规模一项，央行就减少了存款准备金 1000 亿元。

而事实上，你我他这 300 元或余额宝的 5000 亿元，都还是银行存款。不过，交存款准备金的是银行而不是余额宝或天弘基金。盛松成没提将之纳入一般性存款管理那些所谓专家的违法建议，他也认为，不能只对天弘基金而是要对所有的基金和同业存款实施一视同仁平等监管原则，笔者对此十分认同。

当下，互联网金融野蛮生长的时期已经过去，所谓的金融创新就是逃避监管和在不违法的前提下钻空子，看来空间越来越小。各位还是打好根基——你们的民营银行大有作为。

国有商业银行改革收官，40 厘米落差见证市场化成就

（2008 年 12 月 27 日）

随着农业银行股改方案通过，我国国有独资商业银行股份制改革也进入收官战，正式告一段落。"随着农行股改上市后，国有银行股改基本完成。下一步政府的政策应该是对中国银行业有很好的促进作用，以应对当前的危机。"中国建设银行公共关系与企业文化部总经理胡昌苗接受《华夏时报》采访时透露。

40 厘米柜台落差折射银行改革成效

"三四十年前的中国只有一家银行——中国人民银行，那时候它就是老大。"在银行业内摸爬滚打了近 40 年后，孙建英终于从最初人民银行柜台上一名不起眼的点钞员，做到了现在国内某上市银行的高层管理人员。"不说三四十年前，就是跟十年前相比，中国银行业的变化也太大了。"

就是从银行柜台高度来看，十年前，中国的银行柜台高度在 1.2 米左右，通常到一个成年人的胸口处。当时，前往银行的客户不论年龄大小，往往都要在柜台外面站着办理业务，而银行工作人员则可以很舒服地坐在里面处理业务，双方中间还隔着一层厚厚的防弹玻璃。

到了 1997 年，银行的柜台高度足足降低了 40 厘米，并为客户设立了专座，客户和银行开始平等对话。到 2008 年，客户与银行之间的关系日趋合理和民主，

部分银行营业厅甚至设立了全开放式柜台。

虽然只是 40 厘米的落差改变，但这恰恰从侧面折射出了国内银行改革带来的成效。而这场改革同时也正在促使银行做出更多的改善：从银行单一存款产品，到现在各家银行动辄十几种的银行产品；从几万元的个人理财产品到上百万元的公司企业贷款产品。

"从 1998 年到 2008 年这十年，对中国的银行业而言，可说是脱胎换骨的十年。"上海财经大学现代金融研究中心副主任奚君羊接受《华夏时报》记者采访时表示，在这个过程中，中国的银行完成了股改，也完成了相应的体制机制、新的治理机制、以客户为中心的服务机制的改革。这种风险、管理机制的建立，对国内银行来说应该是一次前所未有的改变。

就在今年，国开行、农行、光大银行 3 家分别通过了股改方案。国开行将由此前的政策性银行转变为国有商业性银行；农行则将由国有独资银行转变为商业股份制银行；光大银行则由商业性银行转变为股份制银行。

奚君羊告诉记者，从 2008 年 9 月份开始，证监会就已经停发 IPO，"哪怕是通过审批的，都不允许上市了"。日前，3 家公司已经表示，将择日再进行公开上市。其中，农业银行作为象征国有商业银行改革结尾之战，其公开上市一事尤其引人注意。11 月，农行已经获得中央汇金公司 1300 亿元人民币等值外汇资产的注资。

从"技术性破产"迈入全球千强银行排名

"十年来国内银行业的变化已经显得非常清楚，从 1998 年到 2008 年，这十年本身就是对抗东亚金融危机、加入 WTO、全面对外开放的十年。"胡昌苗告诉记者，无论是银行的服务意识，还是各行的风险管理能力、盈利能力，与十年之前相比，不可同日而语。

2003 年，随着汇金公司向中国银行、建设银行注入 450 亿美元资本金，国有商业银行股份制改革也随之起步。

2004 年 8 月和 9 月，中国银行、建设银行先后挂牌设立股份有限公司，注册资本分别为 1863.9 亿元和 1942.3 亿元。当时有境外金融机构声称：这一注册资本数额等于 225 亿美元。按当时的人民币折算价，从资产关系上看，这两家国有商业银行在 2003 年年底之前的净资产已近乎损耗殆尽。国有商业银行实际上已处于技术性破产境地，只是由于国家信用和政府隐性承诺的支撑，才没有发生大规模的挤兑风险和实质性破产。

国有商业银行股权改革的基本目标是：补充资本金、实现银行政府分离、真正的商业化经营。其中，引入投资战略者成为国内商业银行股改至关重要的一个环节。据中国社会科学院金融研究所针对银行股权改革的一份研究报告显示，不论是当时还是如今，国有商业银行需要引入的战略投资者都至少应当满足三方面条件：其一，拥有足够的投资能力，可以在短时间内动用大量资金购买国有银行股权；其二，有利于克服国有商业银行在经济体制、公司治理、业务技术、资产整合、金融创新和国际经验等方面的劣势，并提供必要的外部资源和技术支持；其三，股权在一定时期内持有而不出售，以保障对应银行股权结构的相对稳定。在境内民营资本、国企机构投资者和境外机构投资者三大群体中，只有境外机构投资者有可能同时满足这三方面条件。

2004 年之后，国有商业银行开始引入海外战略投资者。2008 年 12 月 23 日，胡昌苗向本报介绍，2005 年建行在海外发股上市并获得了 42 倍的超额认购。而其余海外发股的工行、中行、交行这三大行也分别获得了 76 倍、75 倍和 205 倍的超额认购。

据悉，国有商业银行虽然在中国境内众所周知，并有着强大的本土市场影响力，但是在四大行海外上市之前，国外资本市场对中国银行业的了解，除了中国银行尚有一些知名度外，其他几家银行几乎无人知晓。而在 2005 年之前的各年全球银行排名中，中国四大国有商业银行的排名相当靠后。但 2005 年之后，随着这些国有上市公司在海外发股上市，知名度和影响力也大为提高。

2008 年 7 月，全球知名的金融杂志《银行家》发布全球最具实力的 1000 家银行排名表。中国创下了历史性新纪录，共有 45 家银行入选千强俱乐部，交通银行首次取代农行成为新的中国第四大银行。而随着农业银行未来股改上市，这一排名或许有所变化。

作为全球知名的银行传媒，《银行家》每年都会发布全球最具实力的 1000 家银行排名表。2005 年，中资银行（不含港、澳、台）进入全球前 1000 行列的仅为 19 家。2006 年，这一数字增至 25 家。2007 年，中国银行业共有 31 家银行进入全球 1000 强的排名，其中有超过 10 家商业银行首次成功进入千强。

抵御金融寒潮，国有银行抗寒能力大增

随着农行股改上市，国有银行股改基本完成。下一步政策应该是对中国银行业有很好的促进作用，以应对当前的金融危机。北京邦和财富研究所所长韩志国在接受本报记者采访时认为，国有银行股改后，要主动走向市场，同时政府也要帮助银行走向市场。

"股改前，国有银行由于过度依赖政府而缺少自我调节的能力，因而在过去的 10 年里，大都形成了大量的不良资产。"韩志国给记者举了最明显的一个例子，在 1998 年亚洲金融危机的时候，中国金融业遭受的波动非常大。而时至 2008 年，中国的金融机构明显具备了很好的抗击打能力，"这就是股改体现出的一个明显变化"。

据相关数据统计，目前国内银行业的整体实力和抗风险能力已大大增强。截至 2008 年 9 月末，银行业金融机构总资产从 2002 年末的 23.7 万亿元增加到 59.3 万亿元；主要商业银行不良贷款率从 2002 年末的 23.6% 下降到 6.01%。

在政府方面，韩志国认为，银行股改已经为国有银行自身走向市场做出了很多调整。其中一个很明显的变化就是，以前国家要求国有银行贷款率必须控制在某一个最高限额，不能超过这个限额。而从 1998 年开始，这一贷款限额被取消，取而代之的是实行资产负债比率管理和风险管理。据说，从 2009 年开始，这一数额将转变成要求国有银行贷款率最低不能低于某一数值。

一单建行生意奠定两家美国银行的悬殊命运

（2007 年 11 月 16 日）

因为次级贷危机刚刚被股东赶下台的美国花旗银行前董事长普林斯现在赋闲在家。他现在一定万分后悔当初与中国建设银行董事长郭树清先生谈判的时候出价太低。如果当初他退让一步的话，花旗银行就成为建行的境外战略投资者，而轮不上美国银行，假如那笔生意谈成，他就不会为区区次级贷危机损失的 100 亿美元发愁了。那么，他的下岗也就不会发生了。

美国银行 11 月 13 日在纽约表示，对建设银行的 30 亿美元投资及将来增持股份的投入可能获利逾 300 亿美元。业内人士对《华夏时报》表示，假如当初建设银行选择的战略投资者是花旗银行而不是美国银行，花旗银行也能安全度过次级贷危机，因为花旗银行在次贷上的损失不过 100 亿美元。这是花旗银行难以逃过次级贷危机陷入被分拆命运的主要原因。

世界最大的两大银行——花旗银行和美国银行的命运竟然掌握在中国第二大银行建行的手上，建行成了美国银行的拯救者；而花旗银行因普林斯两年前未入股建行的致命错误即将跌入深渊。

普林斯自毁长城

关注建行股改上市的人都知道，建行当初引进境外战略投资者的首选对象是花旗银行，并且，在建行股改的时候花旗银行已经提前介入了。后因建行行长张恩照出事，原央行副行长郭树清空降建行，花旗没有想到的是，看似儒雅的郭树清在谈判桌上表现得非常强硬，由于花旗出价过低，导致谈判破裂。普林斯为今后的下台埋下伏笔。

当年，花旗未能成为建行的战略投资者让中外媒体颇感意外，纷纷用"建行引进美国银行作为战略投资者，花旗意外出局"的大标题加以报道。2005 年 6 月建行正式对外宣布花旗出局该行的战略投资者。这是建行首次向外界宣布该行与花旗分手，同时花旗痛失价值 1.5 亿美元的建行上市承销商资格。现在看来，这笔钱对于战略投资获得的收益，只能算"小钱"。

早在 2005 年 5 月份，当时就有消息称，因花旗迟迟未履行在建行募股前购入 10 亿美元股份这一承诺，谈判陷入僵局。现在看来，未能成为建行的战略投资者的责任，完全在于花旗。普林斯对于未能成为建行的战略投资者应该负重要责任，后来只是撤换了花旗负责中国区的负责人以"顶罪"，其实，建行在香港成功上市之后，花旗就该把普林斯赶走。

对于普林斯这样一个没有远见的人来说，下台真的是活该。

美国银行还能赚大钱

美国银行也没想到的是，投资建行能使其在两年后赚到这么多，更没想到的是，建行竟然会帮助它安全度过次贷危机。与此相反的是，实力相当的花旗却因在次贷上的 100 亿美元的损失，陷入深深的危机之中。

2005 年，建行股改时，美国银行花 25 亿美元从中央汇金公司购得建行 9% 股权。建行上市后又购买了 5 亿美元的股份，后因建行先后在香港和内地上市，美国银行总出资 30 亿美元获得中国建行 8.19% 的股权。

未来，美国银行还能用较低的价格增持建行股份到 19.9%，到时候其在建行的总投资将达到 115 亿美元。

这源于两年前建行与美国银行之间的一纸期权协议。所谓的期权，就是一种能在未来特定时间以特定价格买进或卖出一定数量的特定资产的权利。

按照双方的协议，美国银行可以于建行全球发售日后随时全部或部分行使认购期权（于 2011 年到期），行权价格为以下两种价格较高者：一是截至行使日期止，建行的每股账面值的 1.2 倍；二是一个浮动价格，在 2007 年 8 月 29 日之前为此次 IPO 价格，于 2007 年 8 月 29 日之后增加至以上价格的 103%，于 2008 年 8 月 29 日或之后增加至以上价格的 107.12%，于 2009 年 8 月 29 日或之后增加至以上价格的 112.48%，于 2010 年 8 月 29 日或之后增加至以上价格的 118.1%。

如果美国银行行权后，其在建行身上获取的利润将是天文数字。

本报此前计算过，美国银行从汇金手中再购得建行总股本的 11.71%，只需支付 640 亿元人民币，净赚 1500 亿元以上，300 亿美元左右。（详见《华夏时报》9 月 8 日《建行发 A 股新疑：美国银行期权是否有效？》）

美国银行首席财务官乔·普赖斯看法与本报先前结论完全一致：从账面上看，美国银行潜在获利超过了 300 亿美元。在未来 2 至 3 年内，该银行将能够兑现其持有的部分股权。

好不容易贱卖出去？

本报认为，美国银行仅仅依靠在建行身上获取的现实利益和未来获利，完全可以抵消其在次级抵押贷款危机中所面临的问题。

美国银行入股建行以及建行在香港成功上市后，关于中国银行贱卖论的争论逐渐升级，不过北京师范大学金融系主任钟伟予以驳斥，他说，大多数人不知道当时的情况，"我们是好不容易才把我们的银行'贱卖'出去的。我们当时最担心的是没人买"。

在今年 11 月招商银行北京分行举行的一个理财论坛上，钟伟介绍了中国银行业改革情况。在 2000 年之后，关于中国银行业技术性破产的论调在海内外广泛流传，建行引进海外战略投资者很难，花旗退出亦是受这种论调的影响。

具有讽刺意味的是，世界上最大的两家银行的命运决定在中国第二大银行——建行的身上。最终，看好中国经济和中国银行业的美国银行大获全胜；而对此持观望态度的花旗银行为此付出沉重的代价，深陷危机不能自拔。这样的机会在中国已经不多了，一个是农行，其改革尚在论证中，在定价上可能今非昔比；一个是国家开发银行，但这家专家银行不打算引进外资。

普林斯后悔晚矣！

农行 "崇左模式" 创多赢

（2008 年 6 月 6 日）

　　"办贷款跟取存款一样方便、快捷，只需带上身份证，半个钟头就能从农行营业所贷到款。"广西崇左市驮卢镇甘蔗种植大户黄学明对《华夏时报》记者说，同时，黄学明还向记者展示了他的农行金穗卡和"贵宾卡"。他说，现在无论办理存款、汇款还是贷款都是通过金穗卡办理。

　　据农行崇左分行行长何元程介绍，尽管蔗农在用钱时能及时获得贷款，但是农行对风险控制丝毫没有放松，获得贷款的蔗农之前都由蔗糖厂提供担保。崇左是甘蔗种植大市，蔗糖产量占全国两成。

　　这种模式运行两年以来取得了良好效果。农行的利润成倍增长，去年盈利9000 万元，比上年增长 3500 万元，新增贷款无不良记录。去年，在农行崇左分行支持下，崇左蔗糖产业实现产值 75.79 亿元，比 2003 年增长 155%。蔗农的收入也大幅增长，而随着农行金穗卡的推广普及，对提高当地农民金融意识、普及金融知识和信用意识影响深远。

　　5 月 13 日下午，本报和新华社、《经济日报》等北京媒体记者来到崇左市扶绥县渠黎镇采访时发现，当地农行营业所内门庭若市，营业所外的 ATM 机旁边农民排队办业务。本报记者来到距农行营业所不到 100 米的渠黎镇农村信用社营业厅发现，在宽阔的营业大厅内，只有 3 个农民一起办理一笔业务。据了解，该镇农行营业所存款余额已达 1.2 亿元，信用社存款余额则只有约 4000 万元。

农行广西分行行长李庆萍接受本报记者采访时表示，农行支农同样可以实现多赢，服务"三农"并不需要大规模增设网点和人员。同时，她希望农行在税收、存款准备金等方面享有同农村信用社一样的"国民待遇"。

可复制的"崇左模式"

崇左市的产业结构比较简单，属于典型的公司＋农户，农行在支持上与其他地方类似，不过在化解贷款风险上，当地农行要求蔗糖生产企业为蔗农提供贷款担保。同时，对于蔗糖生产企业优先提供信贷资金支持。而甘蔗生产企业对于蔗农资信状况十分了解，这样就解决了农行贷前调查问题，也节省了大量的人力物力，而蔗农还款均在农民甘蔗卖出后直接由糖厂代收贷款本息。

而如果蔗农在购买种子和农药时需要贷款，都可以像黄学明那样直接到当地农行基层网点迅速办理。

崇左市是全国最重要的蔗糖生产基地，蔗糖产业对全市 GDP 的贡献率达68% 左右，是地方财政收入的第一支柱产业，也是农民经济收入的主要来源。为此，农行崇左分行在 2007 年 10 月初试点启动伊始，就研究制定了服务"三农"试点实施方案，选择以做深、做透、做足崇左市甘蔗产业链上各环节金融业务为切入点，推进服务"三农"试点工作进程。而此时正值 2007/2008 年新榨季准备开始，个人业务进入一年一度的快速增长时期，首先选择个人金融服务开展服务"三农"试点，既体现了崇左分行提出的"以'三农'金融服务试点促进业务发展"的要求，又体现了"在服务'三农'和县域中实现业务转型"的要求。

同时，相对于"三农"法人和县城中小企业法人业务而言，现有个人业务产品和政策对开展"三农"个人金融服务试点构成的政策障碍少。

崇左分行紧紧抓住这一有利时机，研究制定了崇左分行"三农"个人金融服务试点推动方案，以崇左市、各县、市、城区，设有农行营业网点的城镇及其周边农行营业网点服务功能辐射范围内的农村为主要区域，以未设农行营业网点的蔗区经济重镇及其周边农村为辅助区域，以甘蔗种植户为主要服务对象，在崇左全市范围内推出了农行崇左分行服务"三农"心连心系列活动，在全市 9 个甘蔗种植片区各举办一场现场会，全面启动"三农"金融服务，大规模地开展服务"三农"、促进业务发展、推动业务经营转型三位一体的试点工作。

农行总行办公室负责人表示，金融机构在支持"三农"的实践中，崇左模式具有相当广泛的学习借鉴价值。

卡为媒

"金穗卡虽小，功能却比较完善，在农民中推广的意义十分重大。"何元程说。在崇左大力推动农民使用银行卡遇到的阻力很大，起初，包括农行内部员工都觉得不可思议。

因为，崇左市是典型的农业市，属于广西经济相对落后的地区。但是何元程认为，金穗卡这种最基础的产品和最简便的服务是打开落后地区农村金融业务市场的金钥匙，而银行卡无疑是现代金融服务与被服务的最基本最重要的载体。

黄学明对记者列举了用金穗卡的诸多好处，首先，广西天气很炎热，在甘蔗地干活，存折容易打湿，而银行卡则不会；第二，存折打印有余额，不能保密，而银行卡保密性很好；第三，银行卡可以跨行跨区存取款，而存折不能。

何元程把黄学明总结的银行卡好处到处宣讲，并与制糖企业联手合作，全面推行以农行借记卡作为兑付蔗农甘蔗款和代付糖厂职工工资的首选产品，向蔗农和糖厂职工批量发售银行卡，推动蔗农和糖厂职工使用农行银行卡。同时，行领导带领全行员工，主动出击，深入基层网点培训示范大堂经理开展营销，深入田间地头宣传发售银行卡。

在大力推销银行卡的同时，农行全力打造良好的用卡环境，增加 ATM、自助终端等自助设备，崇左全辖 42 个营业网点已经分别安装 ATM 机 30 台和自助终端 21 台。目前，崇左市共有糖厂 13 家，与崇左分行有业务往来的就有 11 家，2007/2008 年榨季农行代理甘蔗款兑付业务的糖厂达 8 家，涉及 10 万多户农户，兑付金额预计达到 17.3 亿元。去年 10 月初开展"三农"金融服务试点以来，崇左分行已经向种蔗农户发售借记卡 21000 多张，占全行今年以来借记卡发卡总量的 32%；本榨季以来已经为 44000 多户蔗农代理兑付甘蔗款 1.7 亿元，用卡兑付蔗农甘蔗款的户数比例达到 48% 以上。

农行应享受"国民待遇"

同样是支农金融企业，农行与信用社享受的政策优惠有天壤之别。

为此，李庆萍通过本报呼吁，农行应该与农村信用社在支农贷款上享受统一的"国民待遇"。

她说，农行与农村信用社都面向"三农"，积极做好"三农"金融服务，但目前却存在"同行不同命，同业不同策"的问题，希望在存款准备金率（农行存款准备金率高于农村信用社大约3个百分点）、税收政策（农村信用社免交所得税，营业税税率为3%）、央行再贷款等方面对农业银行实行与农村信用社同样的政策。

"三农"是高风险行业，且带有较强的政策性，"三农"贷款应有不良贷款率的容忍度，希望银监会、央行在对资产质量考核上予以考虑，设置一个"三农"贷款不良率容忍度。

她建议，建立"三农"风险拨备账户。建议财政、国税部门允许农业银行建立一个"三农"风险拨备账户，以年度一定量的税前盈利拨付账户，用以核销"三农"不良贷款（损失类）。

李庆萍认为应该专项配置"三农"贷款规模。目前国家对信贷宏观调控不够精细，对商业银行只是总量控制，因此在实际执行中，往往挤压了"三农"、小企业贷款，扶持"三农"的政策落实得不到保证。建议央行、总行单独配置"三农"贷款规模。

（作者注：崇左模式的确很容易复制，现在农行很多地方都采用其方法，有很多股份制银行也借鉴了类似的做法。当年底，李庆萍后调入农行总行任零售业务总监兼个人金融部总经理，后任中信银行行长，其提出的很多政策建议，基本得以落实，本文发表于《华夏时报》。）

尤努斯的乡村银行

（2006 年 10 月 28 日）

诺贝尔和平奖得主尤努斯开办的乡村银行贷款年利率在 20% 左右，比存款高 8 个百分点。这意味着，向农民或者穷人提供小额信贷，同样能获利丰厚。

"尤努斯是位单纯、直爽、善良的思想家，他透明得像镜子一样。"与诺贝尔和平奖得主穆罕默德·尤努斯一起创建孟加拉乡村银行（Grameen Bank，下称乡村银行，其运作模式称作 GB 模式）的拉提非教授这样评价尤努斯。

拉提非与尤努斯有三十多年交情，是其铁哥们。

在接受《财经时报》采访中，尤努斯对中国小额信贷制度的缺陷直言不讳，在他看来，不能吸收存款、缺少法律保障和监管缺位是阻碍中国小额信贷发展的主要障碍。

本报独家获悉，尤努斯的中国之行中，曾专门于 10 月 23 日上午拜会中国银监会，并申请在中国开分行，但银监会未当面表态支持。

"正确的诺贝尔奖"

尤努斯的乡村银行是对传统银行业经营理念的颠覆。

孟加拉乡村银行把最贫困的人群作为贷款客户，只把贷款放给穷人。这在全球很多国家，几乎不可想象。

传统的观点是，穷人没有还款能力，信用不好。所以，给穷人发放贷款风险很大。但在尤努斯看来，"穷人很讲信用"。

尤努斯第一次给穷人放款是在 1976 年。当时，他借贷 27 美元给 42 位赤贫农妇，让她们从事竹器制作，到期后收回本息。

1983 年，尤努斯创建乡村银行。这家银行至今奉行尤努斯规定的贷款原则：不用任何抵押穷人就能申请贷款；乞丐能借钱，并且，乡村银行每名客户经理至少要发展一名乞丐客户。

事实证明，尤努斯是正确的。迄今，乡村银行已向约 660 万人提供超过 57 亿美元贷款，其中 97% 的贷款人是妇女，已还款 50 亿美元，还款率近 99%。

乡村银行的贷款年利率在 20% 左右，比存款高 8 个百分点。这意味着，开办乡村银行同样能获利丰厚。

设行尚无解

记者了解到，尤努斯的努力已经让中国的农民受惠。

据悉，中国现约有 80 个小额信贷机构采用 GB 模式，贷款余额约 5 亿元人民币。乡村银行直接对中国捐款 100 万元人民币，另外提供了 60 万美元低息贷款。

河南南召县的农民是尤努斯的直接受益者。当地的小额信贷组织——扶贫经济合作社从乡村银行获得了约 500 万元人民币捐赠，这笔资金全部按 GB 模式发放给最贫困的人口。

与乡村银行唯一不同的是，南召扶贫经济合作社不能吸收存款。

尤努斯新的梦想是——在中国创立乡村银行的分行。10 月 23 日，尤努斯拜访了中国银监会副主席蔡鄂生。或许由于时间太紧，银监会没有立即答复。

不过，在此之后，央行副行长吴晓灵会见尤努斯时表示，支持其来华开分行。

中国难出尤努斯

在尤努斯看来，中国目前在小额信贷制度上存在的缺陷，制约了小额信贷的正常发展，而这给外资金融提供了发展空间。

尤努斯认为，中国小额信贷制度在设计上有缺陷，其中最突出的问题是，中国不允许小额信贷机构从事存款。

中国有大量的资金，但由于现行政策的限制，小额信贷机构不能吸纳这些资金，从而阻碍了小额信贷机构的发展，"这让人非常遗憾"。

目前，中国的小额信贷机构资金主要靠捐赠和委托贷款。

对于中国的小额贷款条件，尤努斯也有自己的看法。他认为，中国目前的信贷条件过于苛刻，而他奉行的原则是，只要接受贷款者有"一条腿、一个胳膊、一只眼睛"，就可以获得贷款。

显然，在中国，没有银行和农村信用社愿意这么做。此外，在小额贷款机构监管和适用法律方面也存在缺失。

（来源：《财经时报》）

央行引导城市资本下乡

（2006年1月9日）

《财经时报》从央行获悉，由央行主导的"农村金融总体改革方案"（以下称"方案"）第一稿已经拟好，日前呈报国务院。"十一五"规划公布后，该方案将于今年颁布实施，成为指导农村金融改革的纲领性文件。

"十一五"期间，除了已经先期进行的农村信用社改革将继续深化外，农村金融改革将会全面开启。本报记者走访了参与起草"方案"的相关人员，包括国务院发展研究中心、社会科学院、农业部的有关专家。

专家的很多意见建议与央行草拟的"方案"暗合。如果该方案获得通过，国家将对支农金融机构实行优惠政策，为城市金融资本进入农村提供了条件和可能，金融从农村"抽血"将变成"输血"。

体制之弊

统计数据显示，尽管近两年银行对"三农"（农民、农业、农村）的贷款有所增加，但"三农"从正规渠道得到信贷资金依然较难。云南省社会科学院研究表明，"三农"资金缺口每年在1万亿元左右。

以吉林为例，该省农村存款余额429.3亿元，贷款余额264.1亿元，有165.2亿元没有用于"三农"，占存款总额的28.5%。其他省市区同样存在农村资金外流现象，被誉为"农村金融主体"的国有金融机构难辞其咎。

邮政储蓄从农村抽走了至少 6500 亿元资金。同时，原来以支持农业为特征的国有商业银行也大量减少了对农业的信贷力度。农行在 1995 年时的 6.71 万个机构，到 2002 年底仅存 3.93 万个，被撤并的主要是乡镇营业所和分理处。

中国农业发展银行（以下简称农发行）由于改革方向不明，变成了粮棉油银行，业务萎缩明显。唯一的支农主力军农村信用社，则"一农支三农"，显得力不从心。

缺乏支农的政策优惠，是导致金融机构撤离农村的根本原因。

促资本回归

为扭转农村资金向城市流动的局面，有专家建议政府加大干预力度，比如硬性规定从农村吸收的存款用在"三农"中的比例，用"看得见的手"强制约束；同时建立激励机制，用优惠的政策吸引资金"回归"农村。

在国务院发展研究中心金融所夏斌、高伟看来，凡是对县以下企业和农户提供贷款服务的金融机构，不论所有制形式和规模大小，都应在实行分账核算后，由国家税务部门按规定，原则上对一切涉农贷款少交或免交营业税、所得税。其中，对农户小额信贷形成的亏损部分财政给予贴息，并免交全部营业税和所得税。对老少边穷地区县以下（不含县）金融机构实行税收全免，以优惠政策吸引金融机构投资到"三农"。

建立竞争性新体系

同时，"方案"将允许创新农村金融机构，降低进入农村金融的门槛。

高伟认为，应鼓励城乡各类投资者投资设立农村小额贷款机构。其市场准入实行核准制，由银监会实施监管。该类机构不准向公众吸收存款，可进行批发贷款业务。给予更充分的利率浮动权，同时在一定时期内享受其他上述涉农贷款的税收优惠。

还应允许在经济落后的农村，发展和推广社区基金或类似的社区性金融机构，重塑一批互助性农村合作金融组织，以满足广大农户小额、频繁的基本资金需求。

只贷不存的小额信贷将走向台面，商业性小额信贷和扶持性小额信贷将合法化、规范化。本报从央行获知，商业性小额信贷机构将作为重点扶持对象。

精简农发行分支机构

对于农发行的改革，较一致的观点是，农发行要根据区域和业务发展需要调整和精简分支机构。

在确保农发行粮棉油购销储备信贷业务的同时，应逐步适当拓宽农发行的业务范围：发展农村基础设施建设、农业科技开发推广、农业综合开发等政策性金融业务；试点开办农业保险业务和办理其他金融机构、外国政府和国际组织的转贷、委托业务，探索农村开发性金融的路子。

但凡涉及需财政补贴的政策性业务，则必须分设账户管理，报财政部审批。

农行改向商业银行

对于农行的改革，有两种截然不同的观点。

有关主管部门主张把农行纳入农村金融体系内通盘考虑；部分专家学者持相反的观点。他们认为，农行的改革与另外三家国有商业银行一样，目标应当是真正意义上的商业银行。

当本报就此问题咨询"方案"起草相关人士时，该人士未正面回答。但他暗示，主张把农行纳入农村金融体系，是"某些官员的个人想法"。

他主张把农行变成真正的商业银行。他说，如果国务院批准农行股改方案，此后的步骤应该是：进行清产核资、剥离不良资产、内部治理结构转变、政府注资补足资本充足率、成立股份制公司、引进海外战略投资者和改制上市。

农行可能承担的政策性业务，则完全"划回"农发行。

（来源：《财经时报》。作者注：八年前的一篇报道，现在很多已经变成现实。）

国开行难题

（2007 年 1 月 27 日）

国家开发银行即将由经营纯政策性业务向"全面商业化运作"转变。对于国开行而言，这场"战争"绝对不好打

"国开行全面商业化运作后，仍将保留开发性业务。"上周末，"全国金融工作会议"结束后，中国人民银行研究局副局长张涛对《财经时报》透露，政策性银行改革将按"一行一策"原则推进，具体方案和细节现在还未敲定，但它们肯定会按照现代金融企业要求，建立和完善公司治理结构。

张涛是央行负责制订政策性银行改革方案的主要参与者之一。

"全国金融工作会议"提出国开行的改革方向后，金融业界立刻将目光锁定于财政部或中央汇金公司是否会向国开行注资。因为此前，中国建设银行等商业银行在改革时，中央汇金公司曾分别予以金额不等的注资，以协助商业银行完成改革。

张涛对此表示，"将根据需要而定"。他透露，目前，国开行的相关改革还在研究中，他同时否认了"国开行将变成另一家国有商业银行"的说法。

优等生

自 1998 年以来，国开行积极拓展业务范围，并主动与中央财政"断奶"。从那时算起，国开行已经商业化运作了 8 年多。

在中国的银行业中，国开行被公认是"优等生"。业界认为，全面商业化经

营后，国开行对中国境内的银行类金融机构的冲击"远比外资银行来得猛烈"。

1994 年之前，四大国有商业银行普遍称，政策性业务是造成银行业亏损的主要原因。在这个背景下，国家分别成立了国开行、中国进出口银行和中国农业发展银行，四大国有商业行于是分别将政策性业务（多为不良贷款）剥离给这三家政策性银行。

但国开行用实际行动证明了，政策性业务也能盈利。

到 1998 年底，国开行贷款余额为 5136 亿元，其中，不良贷款 1675 亿元，不良贷款占比 32.6%。1999 年，国开行唯一一次向信达资产管理公司剥离不良贷款 1000 亿元。

8 年后，国开行"旧貌换新颜"。《财经时报》记者根据国开行公布的数据推算，截至 2006 年 9 月底，国开行表内管理资产达到 2.0965 万亿元，不良贷款率仅为 0.76%，并且连续一年半保持不良贷款率在 1% 以下。

国开行之所以能成为"优等生"，与他们的"班长"——陈元分不开。

1998 年，陈元从央行副行长的位子"空降"到国开行任行长，并开始启动国开行的改革。国开行已经连续多年实现盈余，仅 2005 年一年就盈余 228 亿元。

陈元到任后，一方面要求国开行进行创新，大量引进人才；一方面积极拓展业务领域。其后，国开行主力支持的电力、交通、城市基础设施、石油石化、电信等行业，均给国开行带来不小的回报。

特长生

在国家没有对国开行业务界定之前，事实上，国开行已经对商业化运作"心存爱慕"，并付诸行动。对于国有商业银行来说，它们显然难以忍受国开行在商业贷款领域的"横刀夺爱"。

1998 年，四大行中有一家银行为此专门上书相关部委，指责国开行利用政策和资金优势与商业银行争利。

国开行一位人士对《财经时报》表示："实际上，国开行做的都是国有商业银行不愿做或已经退出的领域，并且我们主要擅长做长期开发性贷款项目。"

比如说农村金融领域。四大行已陆续从农村撤军，造成支农资金不足。有研究表明，农村资金缺口每年在 1 万亿元左右。国开行正是在 2005 年四大行大举撤军时进入农村市场的。

一家省级商业银行分行的副行长对《财经时报》表示，四大国有商业银行组织资金的成本很高，不仅要支付利息，人力成本也很大。国开行可以凭借国家信誉发行长期金融债，用多少发多少，不存在"错配"问题，成本也很低。这样，国开行在大项目竞争上就有优势。

"他们可以降低贷款利率，我们不能。我们降了就会亏损，而国开行降了还能赚钱。"

问题生

记者注意到，身兼开发性金融和商业金融的国开行，在未来的改革中，首先遇到的难题将是身份问题。相关专家认为，说国开行是政策性银行早已不准确，说国开行是商业银行亦"为时尚早"。

这样，对于国开行的监管也会遇到麻烦。用什么标准监管国开行？

如果按商业银行标准监管，国开行业务将难以开展。根据银监会有关规定，商业银行的经营一般受资本金约束，一家银行对单个客户贷款不能超过资本金的 10%，最大的前 10 位客户贷款之和，不能超过资本金的 50%。

国开行的资本金为 500 亿元。这意味着，国开行对单一客户的最高贷款不能超过 50 亿元；最大的前 10 位客户贷款之和，不能超过 250 亿元。

这对动辄上千亿放款的国开行来说，显然是不行的。而国开行要按国家宏观战略放款，对大项目贷款每笔都可能"违规"。

如果按政策性银行对待呢？国开行早已不靠财政补贴，并且成为纳税大户，况且，目前并没有对政策性银行监管的专门法律和条例。

此外，外界对于国开行的经营风险也存在担忧。主要是因为国开行过度依赖地方政府，一旦地方政府遇到换届或经济周期波动，可能会对国开行发放的贷款产生影响。

（来源：《财经时报》）

银监会：商业银行吃利差得改

（2007年6月7日）

中国主要的商业银行还是靠吃存款与贷款的利息差过活，据了解，银监会要求这种局面必须改变，并制定了具体的时间表。

昨天，银监会公开了商业银行金融创新情况。银监会第一次要求，不同类型的商业银行要在规定期限内改变目前靠吃存贷款利息差过日子的局面。银监会对大中型银行、城市商业银行和农村合作金融机构中间业务收入比重提出指导性目标，要求5到10年达到目标。

要达到上述目标，银监会鼓励各家商业银行强化金融创新，大力发展中间业务。

吃利差弊端多

"中资银行长期依靠吃利差，将不利于提升竞争力。"郭田勇说。郭田勇是中央财经大学中国银行业研究中心主任。据他介绍，五大国有商业银行有80%以上收入来自贷款，农村信用社高达90%，股份制商业银行情况较好，但是贷款收入也要占到70%以上。

在郭田勇看来，中资银行吃利差存在诸多弊端。首先，由于目前存款利率较低，加之股市火爆，很多人把存款取出投入股市和基金，这样很容易造成银行头寸短缺。由于股市向好，更多的企业将会直接融资，银行更难以发放贷款。

"利率市场化是必然的。"这是银行界人士的共识，存款利率如果也能浮动，那么存贷款的利息差将会减少。

从资本金约束上来看，发展中间业务、压缩贷款业务也是迫在眉睫。因为，贷款占比过大加大了风险资产比重，这也是商业银行不断要求注入资本金的原因之一。

目前，多家外资银行已经在华注册了子公司，外资银行在中间业务和金融创新上有成熟的经验，"中资银行如果不创新，只能在竞争中占劣势"。

商业银行步履迟缓

为何商业银行对金融创新和发展中间业务不很"感冒"？一家商业银行人士分析，主要是因为现在银行业的竞争还是不够充分，外资银行市场份额过小，目前对商业银行还不能构成实质的威胁。各家中资商业银行对金融创新认识不足，往往投入较少，当一家银行推出新产品后，诸多银行往往纷纷拷贝，一家银行推出 QDII 产品，其他银行往往马上推出类似的产品。另外，与外资银行相比，中资银行缺乏设计新产品的人才。

在金融创新问题上，银监会比商业银行更着急。银监会显然认识到金融创新和发展中间业务的重要性和紧迫性。银监会认为，中间业务收入是衡量金融创新能力的一个重要指标。

银监会对大中型银行、城市商业银行和农村合作金融机构中间业务收入比重提出指导性目标，要求五大国有商业银行和股份制商业银行通过 5 到 10 年的努力，中间业务收入占比由现在的 17% 达到 40%~50%。

城市商业银行经过 5 年左右的努力，中间业务收入占比由现在的 3.67% 提升到 20%。

农村合作金融机构经过 5 年左右的努力，中间业务收入占比从目前不到 1% 力争达到 10%。

不过，记者注意到，银监会并没有对达不到要求的商业银行提出惩治措施。

中国银行业黄金十年行将结束

（2015 年 4 月 22 日）

2007 年 7 月，《华夏时报》从北京的都市类报纸改版成全国性财经媒体之际，我在报纸上发表了一篇题为《银行业缔造"黄金十年"》（当年报纸上过央视特写镜头）的分析性报道文章。其后，银行真的是躺着赚钱的十年，掐指算来八年即将过去，银行业的好日子即将过去，未来势必艰难曲折。

银行业之多艰有以下几个方面：宏观经济增速放缓，银行不良贷款会增加；利率市场化今年落地，势必影响银行利润；互联网金融冲击强化；民资进入，行政垄断被破除；收费大幅被砍，银行利润堪忧。建行行长张建国说的银行是弱势群体，你们以为是向总理撒娇、讲笑话，在我看来是真的，这是即将到来的事实。

也许，未来我们可以在银行——弱势群体身上躺着赚钱。乾坤颠倒在未来一两年。

大幅降准银行股暴跌的逻辑

4 月 19 日周日晚，中国人民银行宣布大幅降准，这个如许多人的预期，当然，也符合我的预期。我在 4 月 10 日撰写了《三因素叠加会导致降准》（三因素是利率市场化、人民币国际化和经济增速放缓，4 月 13 日见报），其中分析到会大幅降准。

什么叫预测？我看到某个经济学家在微博上做了一个比喻，说有一种鸡夜里一直打鸣，天亮前也叫，这样的鸡叫不叫预测？时间久了会被主人烦而杀之。只有天亮前叫一次的鸡才叫预测鸡。一些人天天预测央行降准，央行宣布降准之后，纷纷表示：看啊，我有多准，这就是那种该杀的鸡。别嘚瑟了，够了。

那些预测股市会暴涨、对银行是重大利好的呢？周一（4月20日）开盘股市上蹿下跳，最后大跌，银行股集体下跌较深。

是央行下调的幅度不够大吗？显然不是，央行是这么通知的：自2015年4月20日起下调各类存款类金融机构人民币存款准备金率1个百分点。在此基础上，为进一步增强金融机构支持结构调整的能力，加大对小微企业、"三农"以及重大水利工程建设等的支持力度，自4月20日起对农信社、村镇银行等农村金融机构额外降低人民币存款准备金率1个百分点，并统一下调农村合作银行存款准备金率至农信社水平；对中国农业发展银行额外降低人民币存款准备金率2个百分点；对符合审慎经营要求且"三农"或小微企业贷款达到一定比例的国有银行和股份制商业银行可执行较同类机构法定水平低0.5个百分点的存款准备金率。

这么大的幅度，最小的都是下调1%，农信社和农商行更多。

除了明说支持"三农"发展之外，央行还暗示，利率市场化即将推动。为什么要对农村金融机构大幅降准？因为，他们的风险要相对大一些，为的是避免历史重演，在20世纪八九十年代利率大战中，农村金融领域是高息揽储的重灾区。

那时候有农村信用社的领导以15%的年利率获得贷款，以25%到30%的年化收益率存入信用社，无风险套利，还合法合规，这就是中国式的利率市场化初期。

央行大幅度给农村金融机构降准，就是预防农村金融机构在利率市场化之初瞎搞，甚至出现我亲眼见过的存贷款利率倒挂。

5月1日，存款保险条例开始实施，利率市场化正式开始，股民当然知道利率市场化后银行利润会大幅降低，银行股不该跌吗？

利率市场化后，法定存款利率与银行理财、余额宝类货币基金利率有望并轨，普通储户的存款利率会高一些，理财的利率会降低或基本不变。

如何从弱势群体身上套利

4 月 17 日下午，《华夏时报》办公楼一下子来了两家银行办理信用贷款业务，纸媒江河日下，竟然还有银行提供上门为我们办信用贷款业务，说明银行真的快沦为弱势群体了。你们强势多年，从我们的可怜存款中赚那么多，该我们"报复"一下了吧？我们应该从银行手里赚钱了。办信用贷款仅仅只需要提供身份证，比办出境手续简便多了，我选了一家利率低、美女多的银行办了手续。

还记得我写过的那篇《没有美女的行业是没有前途的》文章吗？有美女说明这家银行有实力。

信用贷款的额度可以达到 30 万元，也可以到 50 万元，我是不是可以更高一点不好说，我这么勤奋地写稿，计件工资应该比很多人高一些，我从央行征信系统免费查过没有不良记录，授信额度高一些是正常的。

为什么要贷款？除了套利之外，还有一个原因，跟央行征信系统有关，央行的征信系统势必会越来越健全，根据国际经验，一个简单的道理是，衡量一个人的信用状况并不是从未贷过款的人信用级别高，而是经常办贷款到期还本付息的人信用级别最高。

这个跟信用卡消费一样，不是你不刷卡就表示信用状况好授信额度高，而是刷卡次数多消费多，到期按时还款信用等级才高，本人是能刷卡就不用现金，信用等级不断上升，授信额度不定期变大。建议信用卡与工资卡挂钩，按月直接还款。

2014 年十一假期，一个新闻真的把我震动了，美联储前主席伯南克办房贷被银行拒绝了，这和中国人民银行前行长到银行办贷款被拒绝了一样轰动。

伯南克是很著名的经济学家，应对金融危机三剑客之一，赚钱能力极强，为啥贷不到款呢？不是因为他不会赚钱，而是因为他太能赚钱了。因为能赚钱，他就很少贷款，没有贷款记录的人一下子要办房贷，授信额度一定不会高的，甚至会被银行拒绝放贷。

这个常识很多中国人不懂，美联储前主席都不懂，难怪了。我现在办贷款按期还本付息就是为将来能从银行贷更多的钱攒信用等级，而不是像伯南克那样需要大钱的时候被银行拒绝。

贷款到手后我会干吗？对于年化利率 6% 的信用贷款来说，利率谈不上高。贷款到手后，我首先不会干以下几件事，当然，违法的事肯定不能碰，否则不但攒不到信用积分，还进去了，不值得。对于投资：第一，不会炒股。我向来反对借钱或贷款炒股，谁都知道 4300 点是股市半山腰，尽管是不是顶不好说。两千多点你不进，四千多点贷款进，不是傻是什么？第二，不会投资 P2P。风险写过多次了。第三，不会投资比特币。2013 年写过。第四，不会投资期货。因为我不懂。第五，不会投资我不知道底细的公司和项目。第六，不会投资我不懂的行业。

当然，我绝不借钱，亲友领导都不行，请勿骚扰。

既然是躺着从银行赚钱，那就得找一些让你睡得着觉的项目。以下项目可能会投资：

1. 银行自己开发的理财产品，比如给我贷款的银行有年化收益率最高 9% 的产品，也有接近 7% 的理财产品，根据贷款期限选择理财产品的期限；

2. 靠谱的有实力的互联网金融，余额宝类货币基金被放弃，没有贷款利率高，BAT 的金融产品选高的，反正这些企业有实力，不还本付息找他们老板闹事，哈哈；

3. 一些比较有实力的金融企业，比如我最近一期写过的中国平安的任性理财产品，收益除了可以还银行贷款利息外，尚能赚点息差。

其他。

现在最大的问题是：首先，你得能从银行获得贷款。

银行黄金十年该结束了

作为看好银行业十年的老金融记者，要见证自己曾经报道过、监管过的银行业告别好日子了。

最近，国务院总理李克强视察了中国工商银行和国家开发银行，除了要求银行支持实体经济外，李克强总理特别要求银行减少服务收费项目。

利率市场化后，贷存息差会收窄，银行赖以维持高利润的是中间业务，其中相当大的来自各种收费。

银行当然舍不得自己砍掉各种收费——合理的和不合理的，那么，国务院部委中还有发改委、央行、银监会，你自己不主动砍，就该他们上了。在他们面前，银行就是弱势群体。现在的问题是，是银行自己砍掉很多收费还是由相关部委出手。个人觉得，银行还是乖乖地自己动手好一点。监管部门出手，谁也不好看，越早越好。

这样一来，银行的利润会进一步减少。建行张行长的娇真的白撒了。

一季度，全国 GDP 增速 7%，创六年新低，有很多机构分析，实际情况或许会更糟糕。股市也在创近年新高，做实体企业的心情会好吗？记得上轮牛市很多企业卖了工厂杀入股市、楼市和大宗商品了。

"经济决定金融"是哪个学派都认可的。中国的银行业是各种行业的综合反映，经济增速放缓，不良贷款会增加也是常识。

无论银监会公布的数据还是各家上市银行的公告，不良贷款都呈上升趋势，这一趋势还会延续。银监会的数据显示，2014 年上半年，中国银行业金融机构不良贷款余额 6944 亿元，较去年末增加 1023 亿元，已经超过 2013 年全年不良贷款余额增长的 992 亿元。与此同时，2014 年上半年，五大行冲销不良贷款的同比增幅超 100%。也就是说，虽然核销不良贷款力度是去年同期的两倍多，但不良贷款指标依然较去年高得惊人。

互联网金融逐步侵蚀。从 2014 年的马年春节到 2015 年的羊年春节，小小手机上的红包大战愈演愈烈。在这场漫长的红包大战中，主角显然是腾讯和阿里这两家互联网公司的王牌产品：微信和支付宝。为什么是这两家互联网公司掀起这场全民话题级的红包浪潮，而不是在金融体系中根基更深的银行？

还没完呢！现在国务院已经决定银行全面向民营资本开放，一般规律是，凡是向民营资本开放的行业，基本都是走向衰退的行业、好日子成为过去时或者行将成为过去时的行业，你不会举出反例的。民营银行的进入，必将会对旧有的银行体系产生一定的冲击。

银行业的黄金时期即将结束，进入正常发展轨道。

看好了银行十年，突然转脸写银行步入衰退，心情不好了呢！仔细想想这是事物发展的规律，衰退也是应该的，这么想想心情好多了。

（本文刊发于《华夏时报》）

建行行长称银行是弱势群体几个意思？

（2015年3月5日）

3月4日，中国建设银行这个仅次于中国工商银行的第二大银行行长张建国委员说"银行也是弱势群体"，这句话闹的满堂大笑也一夜爆红互联网。

3月5日，笔者真的就这话跟建设银行总行的相关负责人聊了起来，建行方面解释说，当时会场气氛沉默，张行长可能是为活跃气氛，主要想说的是国有大型银行压力很大，很多问题自身难以解决。嗨，我说，你用压力很大不就得了，网络用语岂能如此任性？

不过，建行方面承认张行长的确说过这话，而不是否认或用口误之类搪塞，行长的压力到底有多大，以至于当着总理的面"撒娇"？好歹本人从事银行和银行业监管十二年，我想试图了解一下真正的原因。

弱势群体弱在哪里？

李克强总理的"两会时间"，第一场活动是看望出席全国政协十二届三次会议的经济界、农业界联组会的委员，并参加讨论。谈到对利率市场化改革时，建设银行行长张建国委员说，现在有钱的大储户都要高价，没钱的贷款者都批银行。"银行也是弱势群体啊。"他半开玩笑地向总理抱怨。所有的人都笑了。镜头显示：总理都笑得坐不住了。

据分析，行长之所以说自己是弱势群体，可能有三点原因。

首先，随着互联网企业开始玩金融，银行业内忧外患不断。

内忧：竞争惨烈。随着利率市场化，银行业的竞争逐渐转化到方方面面，以存款为首压力增大。截至去年 12 月，四大行中有两家银行存款都较上月出现下滑。银行间对存款的竞争加大，揽存大战正式打响。

外患：互联网金融逐步侵蚀。从 2014 年的马年春节到 2015 年的羊年春节，小小手机上的红包大战愈演愈烈。在这场漫长的红包大战中，主角显然是腾讯和阿里这两家互联网公司的王牌产品——微信和支付宝。为什么是这两家互联网公司掀起这场全民话题级的红包浪潮，而不是在金融体系中根基更深的银行？

不是银行不想，而是银行做不到啊！！！

中国的银行缺乏独立性，各方面行动都受制于行政束缚，很难做出适合自己的市场化调整和随机应变的市场决策，只要央行一纸命令下来，捂着荷包不想给人贷款都不行！

银监会的数据显示，2014 年上半年，中国银行业金融机构不良贷款余额 6944 亿元，较去年末增加 1023 亿元，已经超过 2013 年全年不良贷款余额增长的 992 亿元。而与此同时，2014 年上半年，五大行冲销不良贷款的同比增幅超 100%。也就是说，虽然核销不良贷款力度是去年同期的两倍多，但不良贷款指标依然较去年高得惊人。

此外，国内经济下行，房地产价格回落，出现经济增长乏力、投资回报下降等情况，迅速波及银行体系，银行贷款随之过度紧缩甚至冻结，形成中国式"押品（房地产）损失"加剧了金融和经济波动，上述主要风险均造成不良贷款上升。同时，部分行业利润下滑，淘汰过剩产能，企业间互联互保融资问题，以及银行自身风险防控等因素，也加剧了不良贷款的集中爆发。

其三，民众一边倒呼吁让银行降薪，银行成为众矢之的。

随着不良贷款的陆续暴露，银行业 2014 年的年终奖大打折扣甚至难以发出，一改往年的红火局势。调查发现，不少地方银行员工今年的薪酬水平有明显下降，甚至存在降幅超过 50% 的情况，有的地区基层员工仅能拿到最低标准的工资，有的银行行长此前 60 万元的年薪变成了 6 万元。

人啊，最怕比较，大家都知道银行员工也不好当，还要拉存款、拉贷款，业绩压力很大，但是既然你享受这么多好处，大家就听不得你叫屈。这就跟大家都知道公务员工资少，但最听不得公务员说自己是弱势群体一个道理。可以说，让银行降薪，一时成了最没有分歧的建议。

上有限薪令，下有行业周期性调整，伴随着互联网机构的高薪挖角，银行业将面临离职潮，再加上现在经济下行，银行业日子难过可以想见。

看得出来，建行行长会说出这句话，确实是有感而发、肺腑之言，压力大到都跟总理"撒娇"了。银行的这些难处，总理其实很清楚，代表们也很清楚，行长这一婉转的牢骚，大家都听懂了，而且都认同银行确实需要提高自主性和独立性，进一步进行市场化改革，所以才会会心一笑。

躺着赚钱日子不复返

事实上，银行业此前因"躺着挣钱"而引来了无数的"羡慕嫉妒恨"，但随着利率市场化改革、银行业竞争加大，多项数据显示，银行业利润高速增长的时代已一去不返。记者调查发现，2014 年银行业受整体利润增速下降、不良贷款率上升、个人考核压力增大等因素的影响，年终奖整体下滑。多位受访者表示，普遍下滑了两成左右，部分甚至下滑了四五成。

工资下调，最主要的原因就是银行业整体利润增速的放缓。

银监会发布的 2014 年度监管统计数据显示，2014 年商业银行当年累计实现净利润 1.55 万亿元，同比增长 9.65%，增速放缓，平均资产利润率和平均资本利润率均出现下降。

记者了解到，除了各种奖金的缩水，不少银行在各方面的经营费用也做了较大的压缩处理。"发到手的钱少了，领导层能掌握的花钱权限也少了。"一位国有大行内部人士对笔者表示。

除了利润增速下滑，银行业绩压力也随之而来。

2014 年以来，银行存款增长缓慢。从央行公布的数据看，2014 年，人民币存款增加 9.48 万亿元，同比少增 3.08 万亿元。2015 年，银行业存款流失的压力依旧存在。

业内人士认为，2014 年下半年以来，央行通过两次降息加一次降准，预计年内银行业息差将持续收窄，银行利润下滑 3%~5%。同时，随着存款浮动区间的进一步扩大，银行负债成本上升，银行定价能力和资产管理能力受到考验；降息对降低企业融资成本的效果是结构性的。

因此，受多方因素的影响，业内预计，2015 年银行的日子依旧不好过。传统银行业的"日子越来越不好过"，互联网金融新兴机构则成为一个十分具有吸引力的平台，业内甚至有评价说，目前的互联网新兴金融平台不仅在"抢"传统金融的钱，也在"抢"人才。

据了解，已有多位股份制银行骨干选择到微众银行、蚂蚁金服这样有互联网背景的新型金融机构工作。年初，招行零售网络银行部总经理胡滔已确定加盟蚂蚁金服，出任副总裁。原进出口银行副行长曹彤转任微众银行行长。

除了新兴互联网金融机构，这两年兴起的 P2P 网贷行业也成为传统银行业高管甚至是基层员工的"转型出路"。一位 P2P 行业高管在自己朋友圈内转发"银行业薪酬下降"的文章后，附上了自己高薪挖人的决心，希望"对传统银行业失望的银行员工"能加盟自己的公司。

据不完全统计，在目前接近 2000 家 P2P 平台中，至少有 300 家平台有来自银行业的员工。不少机构甚至是由银行高管跳槽所创立的。

网络红包是互联网金融发展的产物，也将会为金融行业带来新的变革，今年的抢红包大战给传统的银行带来了冲击，以至于银行在红包金额转账等各方面都做出了限制，同时为了防止恶意转账或者洗钱现象的出现，互联网平台自身也对红包金额做出了限制。随着移动互联网技术以及网络支付的发展，预计未来移动支付领域的竞争将会更加激烈。

复杂的经营形势变化考验着银行的能力和水平，早研究好战略问题和经营策略问题才能争取主动。

面对巨大的挑战必须有强烈的紧迫感。"越是这样，越考验银行的应变能力、调整能力和管理改革的推动能力。"而认识到经营形势的变化后，就必须有明确的战略思想、改革思路以及行动能力，"战略是方向，是共识，是企业可持续发展的导航仪"。

银行的体制性垄断和息差保障开始逐步破除，业务多元化趋势开始显露，各个细分产品都面临其他金融脱媒趋势的分解和钝化。而以往作为"一家之主"的银行，目前已经感受到了这种压力，不论是体制内优势政策的逐步放开，还是外部市场压力的冲击，银行最终将脱去半市场化的保护伞，通过公开透明的市场化运作来提高自己的适应能力。

来看看 2013 年以来中国的金融圈、银行圈发生了哪些事儿。

上层的利率市场化大幕已经开启：2013 年 7 月 20 日，中国人民银行决定，全面放开金融机构贷款利率管制；2013 年 10 月 25 日，贷款基础利率（Loan Prime Rate，简称 LPR）集中报价和发布机制正式运行；中国人民银行 12 月 8 日公布了《同业存单管理暂行办法》，并自 2013 年 12 月 9 日起施行。此外，利率市场化重要保障的存款保险制度，也将在近 2 年推出。

另外，虽然银行最后的救命稻草，存款利率上限没有放开，最近的一次降息调整是 2015 年 3 月 1 日，下调了金融机构人民币贷款和存款基准利率 0.25 个百分点，并将金融机构存款利率浮动区间的上限由存款基准利率的 1.2 倍调整为 1.3 倍。也就是说，银行的一年期定期存款基准利率下调至 2.5%，即便是上浮 30%，一年期定期存款收益率也不过是 3.25%，低于原先上浮 20% 后的 3.3%。因此，整体而言，银行负债端的压力将趋紧，而这两次降息实际上都是不对称降息，也就是进一步缩小了银行本来"安全有保障"的息差，将银行的生存能力进一步抛向了市场。

一边是利率市场化进程加快，息差缩窄，经济形势下滑和银行对信贷风险管控能力在特殊经济周期期间呈现趋紧压力；一边是银行体系外直接融资渠道开始大力铺开，不论是证券、IPO、私募债、融资租赁、证券化等传统金融渠道，还是 P2P、众筹、电商小贷等多元化的新兴投融资服务手段，都在弥补银行金融服务的间隙。

也正因为如此，昔日的金融圈大佬，才油然而生"银行是弱势群体"的感慨。虽然在目前这个阶段，银行仍旧是社会融资服务的主体，也还承担着一半以上的社会融资规模供给，但是，未来的趋势不可逆转。随着市场化进程的加快，银行的信贷和投融资服务功能将被更多的社会化渠道所承接，最后形成一个更为全面、健康的，并且富有行业竞争力的投融资服务体系。

让我们理性地分析一下当下的情况，想想 20 年前，银行的确是属于强势群体，原因是金融业的条块分工管理经营模式。城市工商企业指定就得去工商银行办理银行业务；涉外业务必须到中国银行办理开户；农村及农业贷款就统一在农业银行。银行就像是政府机关，代理政府行使企事业单位的管理控制职能。一些"老银行"现在还记得，当年为了落实管理放给企业的贷款，银行会委派信贷人员驻厂参加企业的生产运营管理会议，参与并干涉企业发展方案的制定，企业必须听取并参考其所提出的意见和建议（即使银行派出的信贷员是个初出茅庐的"楞小伙"）；企业运营资金必须存入所归属的银行，使用账上资金还要向银行申请。可以想象，那时银行是何等的"威风"。当然也因此形成了不少的贷款坏账损失，但可以肯定的是，银行对企业运营几乎是具有生杀大权，改善自身服务常常是做做样子，不可能是由衷的；企业和个人对银行必是心存敬畏的，绝不敢有半点怨言。

这种情形随着专业银行商业化的深化而逐渐荡然无存。尤其是随着近几年来商业银行股改上市进程的加速，金融机构之间市场化竞争日益剧烈，从中得利的恰恰是客户群体。君不见，面对经营优良的明星企业，各家银行排队拜访其负责人，纷纷约请吃饭喝酒、联络感情，开出的服务条件一个比一个诱人：他给你贷款利率优惠、我给你手续费全免；他给你上门服务，我给你存款高息；他给你优先放款，我给你信用额度。总之是银行斗的几败俱伤，唯有客户笑了。对个人高端客户的争夺也是大致如此。

当然很多人可能表示反对，因为大家看到现在银行办业务的人还是排长队，等数个小时才办理一笔业务，服务窗口不足等问题，银行"麻木不仁"不予解决，所以总是骂银行自恃强势，根本不理会客户的呼吁。殊不知，这正是银行处于弱势的体现！银行为什么服务窗口少？除了业务多等正常原因外，还因为银行要留出足够多的窗口服务高端优质客户，因为这些优质客户可是绝对不能得罪的，这是市场经济体制下银行追求经济效益的必然结果。你让银行不问效果一视同仁，那现实吗？银行迫于业绩的压力而不敢得罪与自己效益息息相关的客户，这不正是弱势的体现吗？所谓对普通客户服务的不足，只是在银行资源有限的前提下，对核心客户服务后剩余资源的缺乏而导致的结果，与银行"欺压"弱势客户的说法毫不相干。

如果有朝一日银行对所谓优质不优质不敏感了，对所有走进银行的人员一视同仁了，那才真的是"强势"。因为无论你的财富多寡，都与我银行无干！就像税务局的办事人员，即便你是纳税大户该站着排队还站着排队去！

有时遇到在银行大厅拿着存着几百元存款的存折，咆哮撒泼地质问银行为什么不多开服务柜台、为什么不提供坐卧休息地方的客户，我更感到银行的弱势地位，因为同样是服务行业，连星级酒店尚可对只想消费半根油条却大声叫嚣着要求坐豪华大厅享受尊贵服务的客人大声说"不"（甚至可以用"干扰经营"之名由保安"请"出去），银行却是万万不可的，即便是有天大的委屈也要尽量"微笑服务"，你说"强"从何来？

（本文首发于本人微信公众号：hejiangbingjinrong）

第五章

美国新政，中国应对

特朗普的金融忽悠术

（2016 年 11 月 9 日）

很多人说美国总统候选人希拉里（Hillary）是个骗子，特朗普（Trump）是个疯子。这种观点流行也是悲剧，说的好像特朗普不是骗子似的。

美国经济学界公开抵制特朗普比较罕见，因为，特朗普忽悠民众的经济金融观点在他们眼里是一清二楚的。希拉里邮件门丑闻发酵后，特朗普行情看涨，美元下跌，股市下跌。11 月 7 日，FBI 重申不起诉希拉里后，全球股市全线飘红。

特朗普主张加息刺破泡沫，主张强势美元，指责中国人偷走了美国人的就业机会。首先，可以肯定的是特朗普略懂经济，他知道加息可以刺破泡沫，也能让美元强势。接下来他不会告诉你，强势美元会造成美国出口减少，中国对美国出口会更多，拉动中国经济增长，这样，中国会有更多的人就业。作为成功的企业家、房地产开发商，他当然知道，他不对他的选民说出来，这不是骗子是什么？

其次，特朗普能加息吗？假设，这届美国选民真的选上了特朗普当选美国总统，那么，他有权决定加息吗？

不能。他在骗你玩呢。

美国的货币政策，包括加息、降息是由美联储决定的，不是总统决定的。

美国联邦储备系统（The Federal Reserve System）简称美联储（Federal Reserve），负责履行美国的中央银行的职责。这个系统是根据《联邦储备法》（Federal Reserve Act）于 1913 年 12 月 23 日成立的，美联储的核心管理机构是美国联邦储备委员会。

联邦储备系统由位于华盛顿特区的联邦储备委员会和 12 家分布全国主要城市的地区性联邦储备银行组成。珍妮特·耶伦为现任美联储最高长官（美国联邦储备委员会主席）。作为美国的中央银行，美联储从美国国会获得权力，行使制定货币政策和对美国金融机构进行监管等职责。

美联储货币政策的最高决策机构包括联邦储备局的 7 名执行委员（Members of the Board of Governors）和 12 名联邦储备银行的主席（Presidents of the Federal Reserve Banks）。美联储最重要的货币政策被称作公开市场操作，日常说的美联储公开市场会议（或者议息会议）就是为制定这个政策而召开的。公开市场政策由华盛顿的联邦储备局和各个地区的联邦储备银行共同制定。美联储的 12 个联邦储备银行是相对独立的机构，比如联邦储备银行的主席可以担任公开市场委员会的委员，在担任委员期间，联邦储备银行的主席与联邦储备局主席、联邦储备局的其他委员拥有同等的投票权。

假设，特朗普可以影响到决策委员，假设美联储大幅加息了，美国经济下滑是肯定的，主权货币美元肯定会下跌的。俄罗斯央行曾经大幅加息保卢布汇率，结果经济差点崩溃，贬值继续，后来不得不大幅降息。特朗普也要玩一次？告诉你，美联储的耶伦同意其他人也不会同意的。

据说特朗普曾这样说过：我们美国虽然控制了高科技，但是我们在国际贸易中败给了中国，这并不是最主要的，最主要的是中国在人民币国际化的过程中是拿美元作担保，而人民币一旦贬值，他们立刻可以换成美元，我们都知道，他们有很多美元，比我们还多。

如果说是外汇储备的话，这是错误的，因为中国资本项下尚未开放。对于贸易顺差和对中国的投资，人民银行得买回来，通过印刷人民币买回来，这是人民银行的资产——负债型资产。当外企撤回投资，拿人民币兑换美元时，外汇储备就减少了。

也有人解读为是存款了。截至 2016 年 9 月，中国的货币总量是 151.64 万亿元，美国的货币总量是 13.07 万亿美元，按 1∶6.7 的汇率，约合人民币是 85.575 万亿。这组数据呈现的结果是：中国的货币总量是美国货币总量的 1.73 倍！但是你们要知道中国的 GDP，2015 年底是 67.67 万亿人民币，而美国的 GDP，按 1∶6.7 的汇率，大约是 119 万亿人民币，美国的 GDP 又是中国 GDP 的 1.73 倍。

数字没有太大问题，问题是逻辑与原理。第一，中国储蓄率很高，美国储蓄率很低；第二，中国社会的投融资最大主体是银行，通过贷款实现，贷款中会形成派生存款从而形成 M1，造成 M2 虚高的假象。比如，企业贷款一百亿，企业并不会用卡车运走，而是继续存在银行，银行交完法定存款准备金后，大约又能放出八十多亿贷款了，如此循环。而美国资本市场发达，银行不是投融资绝对主体，M2 包含的内容也不一样。

今年下半年，中国的 M1 每月以 20% 以上的速度增长，主要是企业不投资所致。

回到美国大选上，结果将于北京时间 9 日揭晓。至于美国选民将做何抉择，我们还需拭目以待。

（本文发表于《新京报》）

美元"加息"再显特朗普经济目标悖论

（2016 年 12 月 15 日）

任何一国的货币政策都不可能兼顾经济增长、抑制通胀、充分就业和国际收支平衡等多重目标。不同时期，各国央行采取的侧重点不同，特朗普也不能例外。

北京时间 12 月 15 日 3 时，美联储公布利率决议，加息与否的靴子终于要落地了。截至笔者发稿时，虽暂未获知议息结果，但从各家机构的预测和美联储自己的连续放风看，不加息也是很难的。

打个比方，一对即将结婚的夫妻，在结婚前做了几次排练，结果，陪着排练的伴娘、伴郎都结婚了，此时这对夫妻若再不结婚，接下去怕找不到伴郎伴娘了。无论是各国央行还是金融市场，对于北京时间 12 月 15 日凌晨美联储加息的准备已非常充分，就如比喻中的伴郎伴娘，美联储若不加息，都不好意思开议息会议了。

当然，世界各国央行也是早有准备，根据上月中国人民银行副行长易纲接受记者采访时提供的数据显示，截至 11 月 27 日，10 月份以来发达经济体货币中，日元、欧元、瑞郎对美元分别贬值 10.5%、5.8% 和 4.2%；新兴市场货币中，马来西亚林吉特、韩元、墨西哥比索对美元分别贬值 7.2%、6.5% 和 6.1%，人民币对美元贬值了 3.5%。

说到这里，不得不提特朗普指责中国操纵汇率致使人民币贬值的事情。中国自 2005 年实现汇率改革到 2015 年 6 月末，人民币对美元汇率累计升值 35.38%。

在汇率机制改革完成后，自 2015 年 8 月 11 日人民币发生大幅贬值至今，其对美元跌幅已达百分之十几，且特朗普当选后贬值有所加速，但是主要原因在于美元过于强势。

10 月份以来，人民币相对一些主要货币显著升值。截至 11 月 27 日央行数据显示，在 SDR 构成货币中，人民币对日元升值 7.5%、对欧元升值 2.5%、对英镑升值 0.5%；在亚洲新兴市场货币中，人民币对马来西亚林吉特、韩元、新币分别升值 4.1%、3.3% 和 1.2%。

当下，倘若美联储加息，为保持本币汇率稳定和本币不贬值，理论上讲，各国可能也要加息。但就实际情况而言，估计很少有央行跟进，因为贬值并无太大坏处，且有利出口。最关键的问题是，主要经济体并未如美国一样强劲复苏，对于中国更是艰难，一方面滞涨压力巨大，另一方面，央行不得不为了保增长而放弃跟进。

中国国家的外汇储备由最高峰时候接近 4 万亿美元到上月底刚过 3 万亿，减少了接近 1 万亿美元。如果中国央行真能操纵汇率，这时候应该是让本币升值提防外储流失而非相反。

事实上，特朗普自己的经济目标本就存在悖论。从其在竞选中和其后的经济金融政策看：他希望美元强硬，资本回流美国；他希望美国企业回国发展，增加本国就业机会；他扬言将确定中国为汇率操纵国，指责中国通过汇率和低价造成中美贸易中中国获得巨大顺差。

尽管这些愿望看起来美好，但因为目标的冲突性，任何一国的货币政策都不可能兼顾经济增长、抑制通胀、充分就业和国际收支平衡等多重目标。不同时期，各国央行采取的侧重点不同，一般都是逆周期调控，而特朗普也不能例外。

具体而言，正如货币主义大师弗里德曼的论述：本币升值不利于出口。倘若美元走强，美国的贸易逆差会更大，这与特朗普期望扭转中美贸易顺差的愿望相悖。

更重要的是，假设此次美联储加息，无疑将会导致美元继续走强。而人民币也在寻求国际化，中国央行势必明显减少对外汇市场干预动作，如此一来，人民币兑美元将不可避免产生波动，甚至继续贬值。

况且，加息可能会产生两个直接后果：一是抑制住通货膨胀；二是经济增速会放缓。虽然，加息会让美元强大，但不能让美国经济持续走强，如此一来，解决更多美国人就业的预期也会落空。

特朗普当选后屡屡指责中国经济、外贸、汇率等问题，但包括美联储前主席伯南克都公开说，没有证据表明中国是汇率操纵国，美国这届政府也未将中国列入汇率操纵国。

虽然特朗普指责中国操纵汇率等问题，很难找到证据，不过，反观特朗普言行，其指责中国的"问题"，却在自己身上体现了。比如，施压美联储加息，造就强势美元，涉嫌操作汇率；而打电话给美国大型企业让他们把工厂搬回美国，否则加税，涉嫌用行政手段干涉企业运营。

笔者以为，相信特朗普在经济目标悖论中，最终会放弃强势美元，通过对企业减税来吸引本国企业回归，而不是一个接一个的电话施压，毕竟这种做法太"计划经济"了。

（本文发表于《新京报》）

人民币贬值、房价与特朗普

（2016 年 11 月 18 日）

美国当选总统特朗普多次说，如果他当选会把中国列为汇率操纵国，人民币贬值从而从贸易中获得好处。特朗普当选后，否认过竞选期间的很多话，包括"把希拉里抓起来"等，并未对有关列中国为汇率操纵国进一步说明或否认执行。

特朗普当选后，人民币兑美元屡创新低，有很多经济学家出来说，这是中国人民银行故意让人民币贬值的，等 1 月 20 日特朗普正式上任后，再让人民币走强。这种论调很有市场。

在我看来，近期人民银行应该是很少干预市场，人民币贬值可能是市场行为，而人民币贬值使得其与美元趋于均衡，这是央行希望尽早开放资本项下——人民币可自由兑换、人民币国际化的一个显著信号。

中国央行不可能主动、主导人民币贬值的理由和原因很多。从经济金融角度看主要有以下几点。

一、稳汇率远不及保外汇储备重要

众所周知，货币也是特殊的商品，当市场上供应的货币大于需求，就会贬值；反之，升值。人民币尚不是可自由兑换的货币，外汇储备多来自境外投资，贸易顺差和部分海外投机资金等，央行发行人民币把这些外币兑换过来，将来贸易均衡或者外资撤资，这些机构或个人是有可能兑换成外币走的。

在这种情况下，央行保汇率主动性与积极性并不是很高。

二、汇率变动对进出口影响被夸大

我在 2013 年 11 月第一篇建议人民币主动贬值的文章中，引用过当时主张人民币升值的经济学家某券商首席经济学家的研究成果："反对人民币升值的理由是说升值快了会影响出口，这也是一个想象而已。

比如说我们看到中国过去十几年的出口，2005 年以前人民币汇率基本保持稳定，但是出口增速有涨有跌；2006 年、2007 年、2008 年升值最快，可出口增长也最快。现在我们人民币甚至又提速了，6、7 月份出口和顺差都在高速增长。所以说人民币升值会不会影响出口？从过去十年的数据来看，只是一个想象，没有那么多的实证其关联度。"

特朗普先生，既然中国汇改的 2005 年后，人民币升值了 10 年，中国对外出口增长都这么快，你们的美元升值也不会影响你们的出口吧？

三、人民币只升值不贬值不符合宇宙规律

从 2005 年汇改以来，人民币已经连续升值了 10 年，但是贬值的时间才一年多。你就要把中国列为汇率操纵国？一只股票累计上涨百分之四十，你觉得还能涨；如果下跌百分之十，你就抱怨有庄家操纵股价，这是何道理？万万没有想到的是，特朗普的思维跟炒 A 股的中国大爷差不多。

四、人民币依然被高估

只有达到均衡水平，资本项下开放才会平稳。衡量人民币是不是被高估一个看得见的原理是购买力平价。很多人都有出国购物的经验，你会发现在美国买的一些产品，在中国的卖价要高出 1.5 到 2 倍，奢侈品大陆价格更高，带回一件奢侈品，来回机票就够了。

这除了我们的进口关税、交通成本高之外，只能说明人民币被严重高估了。

在这种情况下，贸然放开资本项下，是比较危险的。打比方说，假设货币是

水，现在，中国的人民币水位明显高于国际货币水位特别是对美元。中国的资本项下不开放，我们的大坝很高，这时候去掉大坝，就会决堤。稳健的做法只能是放掉水池里的水——贬值，让人民币与国际货币均衡，这时候再打开大坝——资本项下开放，就不会发生决堤事故了。

五、坐等房价下跌

如果中国央行操纵汇率，这时候应该是让人民币升值，而不是贬值，无论是稳汇率还是稳房价来看。原因前面有所说明，只有人民币升值，才能吸引外资流入中国，才不会出现民众和公司购买外汇，虽然我们有三万亿美元外储，可是我们有 7 倍于外储的存款呢。

对于房价的影响，房价的涨跌跟汇率的关系要分很多种情况，跟货币政策、经济周期、经济对房地产依赖程度、外资流入流出等密切相关，特别是中国的房价构成中地价占的比重最大，而这又是地方财政的重要来源，这构成了特殊的房价问题。

当前，中国的经济环境是处于经济下滑期，权威人士早有定论，也是经济学界较为普遍的共识。外汇在向外流出，外汇储备由最高峰的 3.9 万亿到目前的 3.1 万亿，流出了八千多亿，并且还在继续。

货币政策，中性。如果如特朗普所言，最直接手法是降息，其次是印钞，事实上，这两种手法都大有收敛。下半年以来 M1 连续几个月以 20% 以上的速度暴增，这主要是企业不投资导致，M1 极容易形成流通中的货币 M0，对中国通货膨胀形成巨大压力。

上次蓝媒汇有个活动，有人问北京的房价到底有没有泡沫，刚好第一狗仔卓伟也在，我说，某明星老公在美国 36 亩地约 2.4 万平米豪宅，价值 150 万美元——大约一千万人民币，还是永久产权，无雾霾。如果资本项下放开，是不是在北京卖一套三环内的房子就可以在美国买得到？卖的人多了，这房子是涨是跌？

经济下行期间，工资增加是不可能的，失业倒是最可能的，你拿什么供房子？

综合这样的因素考虑国际上的历史背景，房价只有一条出路，下跌。

　　但愿特朗普先生不要再提中国汇率操控之类的话了，你看法院不是判你商标官司打赢了嘛！尽管十年来你一直是输的。

（本文发表于微信公众号：hejiangbingjinrong）

留住曹德旺保外汇的根本在于减税

（2016 年 12 月 21 日）

近日，福耀玻璃董事长曹德旺准备投资美国的新闻引发市场热议。从李嘉诚到孙正义，直至近日的曹德旺，为何商业巨贾离我们而去？我们又应如何留住企业家？

央行于近日公布数据，截至 11 月底，我国外汇储备缩水 9000 多亿美元，险守 3 万亿美元关口。前不久，两位前央行货币政策委员会委员李稻葵和余永定有过隔空保卫外汇在是否放弃汇率方面的小争论。李和余都没有涉及美国税负问题。

虽然影响汇率和外汇储备的原因很多，但是，最根本的原因无非是：经济基本面、通胀水平和资本收益。减税是直接增加企业利润，是最直接吸引外资的有效手段，如果看不到这一点，一些舍本逐末的争论无非是讨论喝药安眠死好还是注射死好一样无聊。

治标策略的无聊之争

几天前，出席活动的李稻葵公开表示：央行手中的人民币存量达到了 21 万亿美元，但外储仅 3 万亿美元，所以必须严格精准管控跨境资金流动，"进行国际贸易，在国内进口原材料生产服务国内消费，这部分的资金的外汇需求必须满足。但是不合理，纯粹是预期人民币会贬值，把人民币换成美元的投资需求应该坚决遏制住。因为如果人民币贬值预期一旦形成的话，将一发不可收拾"。

余永定在另一个公开场合表示："面对人民币贬值压力，最关键的应该是保住外汇储备而非价格，央行应停止干预人民币汇率。"

简言之，李和余都主张保卫外汇储备。李稻葵主张强硬保卫外汇储备和汇率稳定，对照西方说法属于强硬的鹰派；余永定属于货币自由派，主张放弃外汇汇率干预，属于鸽派。

李稻葵的错误显而易见，首先，这是汇改的倒车。起码，目前普通人有了每人每年五万美元的换汇额度。其次，李教授怎么判断人家是投资还是生活需要？其三，如果真采纳了李的建议，会不会造成恐慌性换汇？当然会。这是保卫外汇还是想鼓励挤兑外汇？

限制购汇，那也只能限制普通人，而对有特权有门路的人没用，这同时会造成腐败和明显的不公平。

余主张放弃干预，让市场形成汇率。同样不可行。很简单，如果一旦形成贬值预期，都从央行换汇，外汇储备照样保不住。

实际上，没有一个国家的央行不干涉汇率的，无非是经济手段还是行政手段的区别而已。西方国家当然也有干预，包括基准利率的调整、税收政策等都会对汇率和资本流动产生影响，外汇储备是发展的结果而不是根本。

未来更大的压力来自美国

近年来，人民币主要是对美元有所贬值，对一篮子其他货币有所升值。而未来相当长的时间内，对主要货币贬值的压力依然来自美元。主要原因是：美国经济复苏势头良好，通胀压力下，美联储会持续加息抑制通胀，美国新政府上台大幅减税会直接增加企业盈利能力，资本回报率会大幅直接提升。其他主要经济体没有这一现实，甚至连预期都不存在。

这几天，包括人民日报新媒体在内的各大媒体都对中国高税负进行了充分地报道，对于不堪重负的中国企业来说，指望大幅度减税的再次多了点希望。虽然各大媒体对中国企业税费负担报道的标准不一，人民日报新媒体用了"死亡税率"来形容。

用曹德旺的说法："中国实体经济的成本，除了人便宜，什么都比美国贵。""中国制造业的综合税务比美国高35%。"曹德旺说，美国对企业征收的所得税是35%，加地方税、保险费其他5个百分点共40%，而中国制造业的综合税务比美国高35%。

曹德旺关于中国税率的说法在众多关于中国高税率报道中还属于低的。即将成为美国总统的特朗普已经把减少企业和个人税率提到了执政纲领中。

曹德旺回应他根本不是为了钱，他是名副其实的中国首善，这样的人都留不住……

曹德旺所说的35%所得税会降到15%，加上其他税费不过20%左右，而这才是最可怕的，减税前的中国大陆在税收和制造成本已经无法跟美国竞争了，美国大幅减税后你觉得能跟美国竞争吗？

到美国投资，当然要带走美元或者别的外汇，毕竟，人民币尚未实现可自由兑换。

很多人认为特朗普减税后债务负担会增加，财政赤字会更大。似乎财经大佬都这么认为，但是，这是错的。当全球的曹德旺、日本投资大佬孙正义等都到美国投资，税率降低了，全世界企业都想去美国，企业总量暴增了，税收是会增加还是会减少？当美国就业率提升，家庭收入增多，消费自然会上升，直接拉动经济增长和形成更多的税收包括消费税。

毫无疑问，为了保外汇而采取舍本逐末的措施，是很难从根本上解决问题的，在经济下滑期间采取加息稳汇率也有难度，降低让企业死亡的高税率，才是留住企业、保住外汇的治本之策。

（本文发表于《新京报》，有删节）

特朗普减税对世界影响被严重低估

（2017年5月2日）

美国总统特朗普可能万万没想到，他的大幅度减税政策正式走法律程序，反对声音最大的是中国的官媒和税务局领导。然而，纵观这些反对声音，基本没说到点子上甚至是错误的。

特朗普减税政策主要内容：第一，将企业税从目前的35%降至15%；第二，对美国公司留存在海外的利润开征10%的惩罚性税收；第三，个人税税率将从7档减少至3档，分别是10%、25%和最高39.6%降至35%。

第一点，美国财政赤字短期或增加，中长期会减少，源于税收的逐渐增加。关于这个观点，主流经济学家和金融学家看法和主流媒体的看法是错误的。

笔者在《新京报》多次论述过这个观点，鉴于普遍存在误解就多解释一下。中国官媒说，此减税方案会导致美国政府在未来十年减少财政收入2万亿美元至6万亿美元。这个说法，只能基于美国经济规模和企业利润不发生变化的情况下才可能成立。

而实际上，即便假设不会带来企业规模增加，减税会让企业利润增加。

税收与税率关系，最著名的定律是拉斐尔定律。20世纪70年代，年轻的经济学家拉菲尔提出了一个奇怪的看法：对边际收入和资本减税，可获得更多的税收。理由是，减税将产生更多资本，提高企业和员工的生产率，整体经济将增长。这是美国减税期间经济持续繁荣的原因。

拉斐尔认为税率提高，人民会更加努力工作，以维持相同的税后所得。但是，劳工的生产力却会下降。因此，税率提高到一定限度后，税收便不会再增加。政府不如采用减税计划，反而可以提供经济活动，增加税收，进而平衡政府财政赤字。

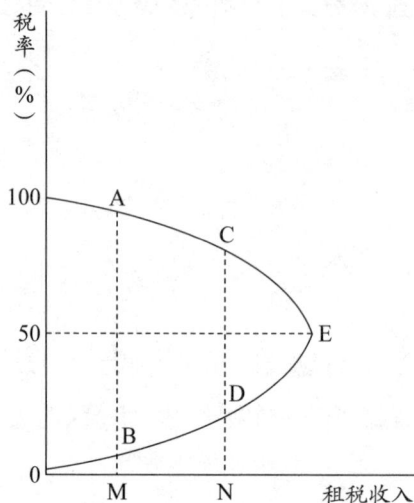

拉斐尔曲线

第二点，吸引全球投资，并可能为跨国公司利润回流美国创造了条件。如果特朗普的减税方案在法律程序上顺利通过，那么对世界和美国经济影响可能被严重低估了。

首先，由于美国税收比主要经济体税率要低，而且简便，会吸引世界各国的投资从实体到金融资本，比如之前报道的日本企业家孙正义、台湾的企业家郭台铭等。这样，上述文章提到的经济规模会增加，这是毫无疑问的。向美国政府纳税的企业从世界各地转移到美国是一个趋势，特别是对税率很高的新兴市场国家，会带来严重的冲击，从实体经济到金融市场等。

其次，会让美国的跨国公司将海外利润转移到美国本土，从而拉动美国经济快速提升。

美国高达35%的企业税让许多跨国美企将现金、海外营收等囤积在海外，以避免被征收高昂税费。苹果等公司便利用爱尔兰低税收区来发展业务。来自评级机构穆迪公司（Moody）的数据表明，包括苹果、微软、思科、谷歌和甲骨文等科技公司总计拥有约 1.2 万亿美元的海外资产。

美国媒体报道称，苹果公司超 2500 亿美元的现金储备中，有 90% 也就是超 2250 亿美元的现金在海外。如果把海外营收收回到美国，苹果公司将为此缴纳巨额税款。

苹果首席执行官蒂姆·库克（Tim Cook）今年早些时候也表示，如果美国改变税率，他也非常迫切地想将苹果的资金储备转回到美国。

最后，美国会从逃税区变成避税天堂。还是以苹果公司为例，苹果将海外利润都腾挪转移到税率较低的爱尔兰，为此还跟欧盟闹翻。如果特朗普的减税政策获得通过，类似的情况可能会发生逆转，各跨国公司会把海外利润转移到美国。

假设一家跨国公司海外总利润是 100 亿美元，如果一个新兴国家的所得税税率是 50%，美国特朗普税率是 15%，在新兴国家要交 50 亿美元的税，而在美国只需要交 15 亿美元。那么，这么跨国公司为什么不选择在美国交呢？

其实，税收的战争是存在的，如果美国减税而税率高的国家不跟着减税的话，那么，很多企业只会这些国家生产销售，利润都转移到美国，向低税率的美国政府交税。这才是重点。

第三点，中国有打税收战的潜在条件。为了避免资本和实体经济转移，很多国家可能不得不跟着美国政府减税，留住本国企业和跨国企业。而中国是有条件加入这场税收战的。无论国际经济金融组织，还是来自中国企业家的声音，中国的税费太高太多了。

其实，中国最不应该怕的就是减税的国际战争。三月间，国务院总理李克强就表示，要降低税费 1 万亿元人民币，各种减免税的措施已经颁布实施。美国减税措施公布后，进行了公务员裁减。关于这一点，我们更有条件，就如同《人民的名义》中李达康书记裁掉星空党区长孙连成那类官员一样，正是时候。

第六章

房地产里的金融
江湖

十年房地产调控为何房价越调越高?

（2012 年 8 月 3 日）

8 月 2 日受从严调控楼市"消息"影响，地产股集体跳水，领跌 A 股，收盘后地产指数跌 2.72%，苏宁环球跌停，首开股份、招商地产、保利地产跌幅超 9%，重庆实业跌幅超 7%。

当日传出的消息主要有以下几条："取消预售房制度"；"全面开征房产税"；政治局 7 月 31 日召开会议，分析研究上半年经济形势和下半年经济工作，会议明确表示要坚定不移执行房地产调控政策；国务院组成地产督查小组检查楼市宏观调控成效；义乌等地方松绑政策不断被否定等。

消息有真有传闻，难辨真伪。8 年来，调控房价的政策从未见效过，反而是调一次涨一回，调得越"狠"涨得越凶，有人说，这次还会跟以往一样，房价调不下来，能成功地把房地产股股价调下来。

为何每次调控房价都失效？原因很简单：每次调控都没有抓住根本。造成高房价的原因很多，最重要的原因只有三个：高地价、高税负和高收费、货币超发。至于人工成本和建筑材料涨价与上述三大方面相比可以忽略不计。

地价有多高？位于北京市海淀区西三环和西四环之间的"万柳地块"，于 2012 年 7 月 10 日以 26.3 亿元的最高上限价格、配建 16400 平方米回购房的条件拍出，刷新了全国住宅类地块的纪录。该"万柳地块"的楼面价约为 4.42 万元 / 平方米刷新单价地王纪录。所谓楼面价，是指土地总价格除以该土地的允许最大建筑面积，每个土地在获得时，基本都有容积率规定，框定了该土地建筑的最大面积。楼面价表明了该项目在销售时，单位售价中所包含的土地成本。

笔者曾请一家上市公司副总经理帮忙计算了一下"万柳地块"每平方米的综合成本，计算得出各项税费约 2 万元，主要包括营业税、土地增值税、企业所得税等，加上建安成本，如果再加上管理费用、财务费用、营销费用等各项费用，每平方米成本将超过 7 万元，如果再加上人工、材料和其他成本，每平方米将超过 8 万元。如果这里的房子每平方米以超过 10 万元卖出，一点都不奇怪。

在各项成本中，地价占 55%，各项税费占 25%，两者占 80%。

如果各级政府真心想把房价打压下来，就得从根本上解决问题，降低地价和减少涉及房地产的税收。

商品房首先是商品，开发商也是商人，是商人总是要赚钱的，没有利润谁去开发？

8 月 2 日传出的两条消息如果变成事实，那只会让商品房价格进一步上涨。取消预售房制度，意味着减少住房供应，这将直接大幅拉高现房价格；开征任何涉及房地产的税种都会增加购房人的负担而不是开发商的。

在现有的政策情况下，降低地价唯一能做的是加大土地供应，集中、大量供应，而不是挤牙膏式的供应，只有供应量足够多，价格才能降下来。

而解决地价过高的根本是解决地方政府的土地财政问题。

高房价的另一个根本问题是货币问题，货币供应量增长跟房价是单向正相关的。诺贝尔经济学奖获得者格兰杰认为，房价高低不决定 M2 余额，但 M2 余额多少可直接影响房价高低。犹记当年（2005 年初）跟同乡律师到北京六里桥三环边看房，那时候房价是每平方米 6000 元，现在是 30000 多元，是原来的 5 倍多。

根据 8 月 2 日央行公布的"货币政策报告"显示，广义货币供应量 M2 余额为 92.5 万亿元；而 2004 年底 2005 年初，广义货币供应量 M2 余额是 25.3 万亿元，现在的 M2 是 7 年前的 3.66 倍。

房价和 M2 齐飞。众所周知，中国普通民众投资渠道狭窄，股市在 2007 年一飞冲天后更多的时候是萎靡不振；实业越来越难做，到了不偷税无法生存的境界；加之教育、医疗和养老压力巨大，投资房地产几乎是唯一，甚至是被迫的选择。在货币发行过剩后，房价上涨是不难理解的。

回归常识：商品的价格取决于供求关系，以及货币供应量。根据央行提供的数据，上半年，全国房屋新开工面积为 9.2 亿平方米，同比下降 7.1%，第二季度连续 3 个月出现同比下降，而第一季度为同比增长 0.3%。

全国房屋新开工面积大幅减少意味着供应量的减少，而 M2 增速同比增长 13.6%，需求不变的情况下，指望房价下降岂不是天方夜谭！

调控房地产不要将希望寄托在央行身上，如果货币政策收紧，首先难过的是中小企业和制造业，房地产企业并未因此而大面积倒闭；如果货币政策适当宽松，首先得益的就是房地产企业。想把房地产整个行业整垮，需要先将其他行业都整垮。

不降低地价和税费的一切调控房地产的措施都是无效的。为确保经济正常增长，M2 适度增长是必要的。

根据央行报告显示，进一步放松货币政策是可能的，降低存款准备金率如箭在弦。

两只手该如何摸？

（2014 年 7 月 10 日）

众所周知，在经济活动中存在有形之手——看得见的手和无形之手——看不见的手，前者主要是指政府的宏观调控和指导；后者主要指市场自身的调控。以往，有形之手过于强大，无处不在，而结果往往适得其反。

万通地产董事长冯仑曾经用隐晦的比喻称政府的"手"伸得有点长。他说，有人问中国企业家为啥最近老讲体制的问题，因为政府的手老在我怀里乱摸，不能不说，又不能乱说。"我在美国或中国台湾地区做房子，不用管市长说了啥，他的手也不会摸我，所以我也不用说他啥！"

为什么十年房地产调控房价越调越高？原因很简单，造成房价高企的主要原因是，地方政府垄断土地供应，而土地出让金又是地方政府财政收入的主要来源；高税负和高收费又占了房价很大比重；货币宽松等。而宏观调控不在造成高房价的根本原因上下功夫，反而不是折腾开发商就是折腾购房者，比如，限制开发贷和限购。最不可思议的是，竟然出台限制土地供应的政策来限制房价上涨，这变相抬高了地价，这类缘木求鱼式的调控导致了房价越调越高的严重后果。

政府的有形之手本来该摸的是政府自身，但其却错误地将手伸向了开发商和购房者。这是政府有形之手乱摸的后果。

好在这两年调控思路变了，李克强总理为何要多次强调确保经济增长 7.5%？他也回答过，是为了确保就业。为保经济增长最快捷的方式就是政府主导的投资拉动，显然，本届政府并未这么做。去年，民生银行一位部门总经理曾对笔者表示，政府主导的投资虽然能立竿见影地拉动经济增长，但是，未必能确保充分就业，政府投资都是大项目、大工程，最多能为大型国企、央企带来效益而已。在积极财政和宽松货币刺激下，绝大多数资金会流向国企和地方政府，国企、央企又会成为地王，而大部分资金最后都会流入房地产，造成房价高企。

哪个领域最能带动广泛就业？毋庸置疑：中小企业。前不久，工业和信息化部中小企业司司长郑昕表示，中小企业是中国数量最大、最具创新活力的企业群体，提供了50%以上的税收，创造了60%以上的国内生产总值，提供了80%以上的城镇就业岗位。

现在，情况清楚了，支持中小企业发展不仅是拉动经济增长的需要，更是保就业的需要，李克强保增长的目的也无非是促进就业。

这一次，有形之手和无形之手配合得比较好，不仅没有乱摸，而且，真正形成了促进中小企业健康发展的合力。

有形之手这次摸到了点子上。主要表现在两个部门：央行和财政部。

尽管，早在2012年1月6日，笔者建议对农行、民生银行等定向下调存准率，但是还是出人意料，央行两次定向降准比笔者的建议更科学，第一次对农商行和农村合作银行定向降准主要是确保支农；第二次降准并未针对特定对象，而是设定一定条件，符合条件不管是什么样的银行都可获得降准。

央行第二次定向降准的条件非常具体，对降准的金融机构提出了限定条件——即"三农"和小微企业贷款达到一定比例。这是指上年新增涉农贷款占全部新增贷款比例超过50%，且上年末涉农贷款余额占全部贷款余额比例超过30%；或者，上年新增小微贷款占全部新增贷款比例超过50%，且上年末小微贷款余额占全部贷款余额比例超过30%。不仅以支持小微企业见长的民生银行获得降准，兴业等银行也获得了降准。

再看财政政策。长期以来，财政部一直对农村信用社和农村合作银行在税收上进行减免，对支持中小企业的金融机构也有税收优惠政策。早在2011年年底，经国务院批准，为鼓励金融机构对小型、微型企业提供金融支持，促进小型、微型企业发展，财政部、国家税务总局自2011年11月1日起至2014年10月31日止，对金融机构与小型、微型企业签订的借款合同免征印花税。

今年 7 月，财政部表示，当前政策对涉农贷款平均余额增长超过 15% 的县域金融机构，按照增量部分的 2% 给予奖励，2013 年拨付奖金 20.90 亿元。此外，财政部还表示要完善农村金融机构定向费用补贴政策以及实施农村金融税收优惠政策。在定向费用补贴方面，2014 年，中央财政在总结政策执行情况的基础上，对政策进行了细化和完善，明确突出支农支小微导向。而在此之前，截止到 2013 年年底，全国共有 987 家村镇银行开业，贷款余额为 3632 亿元，其中 80% 以上已投向"三农"和小微企业。

在给农村金融机构减税方面，财政部规定，对金融机构小额农户贷款（5 万元以下）利息收入和保险公司农业保险保费收入免征营业税，并减按 90% 计算应纳税所得额，对农村信用社、新型农村金融机构以及县域以下法人的农村合作银行、农村商业银行继续实行 3% 的营业税率。

无论财政还是货币政策，倾向于"三农"和中小、小微企业的导向性明显，而不是启动下文件、喊口号和下禁令等乱摸之手。

再看无形之手。

在中国庞杂的银行体系中，五大国有商业银行在基础设施、大中型国企、央企中占有绝对的不可动摇的优势；邮储银行和农村金融机构在农村根深蒂固；城市商业银行在所在城市占有一定优势。

最具市场活力和市场化程度最高的股份制商业银行的出路在哪里？经过多年碰撞与反复，最终它们都不约而同地选择了——中小企业。最早实现战略转型的民生银行董事长董文标成了全国政协常委、全国工商联副主席，其推出的系列产品早已深入人心。

面对互联网金融的冲击，为抢夺中小企业市场份额，华夏银行推出了平台金融，以大中型企业为平台，为其上下游小微企业提供金融服务。

最早推出产业链金融的原深圳发展银行现平安银行的模式也被各家股份制银行模仿、效法。

股份制商业银行在抢夺中小企业客户上真可谓煞费苦心，让人叹为观止。7 月 8 日，广发银行与全国中小企业股份转让系统有限责任公司（简称"股转系统"）举行"总对总"战略合作协议签约仪式，并联合人保财险为首批 3 家北京企业批量授信，向其提供"新三板"贷款保证保险服务。贷款保证保险面向"新三板"已挂牌企业，贷款资金用于支付企业"新三板"挂牌等费用，风险由银行和保险公司分担。流程上，借款人以广发银行为被保险人，向保险公司投保企业贷款保证保险，并凭借保单向银行申请办理融资业务。

简言之，就是为拟在"新三板"挂牌的中小企业提供有保险公司担保的信用贷款解决中小企业为上市产生的费用。券商当然乐意，不用担心中小企业拖欠费用，中小企业一下子出一两百万上市费用肯定心有不甘，券商说，没关系咱们找银行贷款去；银行也不用担心，上市后不怕你不还，何况还有保险公司背书呢；保险公司也高兴，白赚两个点；企业也愿意，这点担保费比担保公司低多了。

"上帝的归上帝，撒旦的归撒旦。"有形之手引导得当，银行的无形之手会让人摸到你想不到的地方。这届政府减少行政审批就是在收起乱摸之手。

有形之手别乱摸了，小心被判手球——点球！

房价上涨在实现金融风险转移

（2016 年 9 月 21 日）

房价在持续上涨，表面上看一线城市上涨的幅度要高一些，从而拉动了二三线城市房价的上涨。而实际上，本轮的房价上涨与以往不同，这次是上面发起，中间特别用力，银行助推，最终谁会埋单？

在我看来，这轮持续时间或许最长、涨幅最大的房价上涨，正在或已经完成了金融风险的转移。从地方政府的债务危机、地方融资平台的金融危机，到银行不良贷款压力，成功地转移到炒房客，再到普通的购房者。最终为本轮房价埋单的还是所谓刚性需求的普通老百姓和相信房价永远会上涨的房产投资者。

有人说这是一轮财富的大转移，表面上看没错，向有房人转移，深层次看根本不是这回事，高回报伴随的当然是高风险，再说，出台政策绝不仅仅会为有几套房子的人去制定。

三大危机渐行渐近

首先，地方政府的债务危机隐现。长期以来，地方政府卖地收入是最主要的财政收入来源之一，也就是所谓的土地财政。最近几年，经济增速放缓，实体经济遭遇寒冬，中小企业特别是民企投资热情骤降，今年以来，部分企业更是投资意愿进一步降低，转而归还银行贷款，把资产变现存入银行，这是形成今年以来狭义货币 M1 反常规暴增的最主要原因。

根据《中国经营报》报道，2015 年中央和地方债务余额总量大概是 26.2 万亿元，除以 2014 年的 GDP 67.67 万亿元，可以知道，政府总负债率是 38.7%，与欧盟的 60% 红线比，不算高。不过单看地方政府负债率，则并不乐观。2015 年年底，地方政府债务余额 16 万亿元，除以全国 GDP 总额，则达到 23.6%，远超美国地方政府 13%~16% 的负债率上限，也接近加拿大的 25% 上限，无疑是相当高了。

全国绝大部分省份债务率处于安全水平，但贵州省和辽宁省的债务率分别达到 120.2%、197.47%，超过了全国人大常委会划定的 100% 债务率红线。此外，云南省和内蒙古自治区的债务率分别为 111.23%、104.7%，也略过红线。

部分地区和省份已经出现地方债危机。而这些地区大多是老工业基地，边穷地区，在整体经济处于下滑周期，极其容易出现地方债危机。在这些地区出现辖内企业的债务违约不足为奇，比如辽宁省内的某些钢企。

其次，地方融资平台风险累积。所谓地方融资平台，就是指地方政府发起设立，通过划拨土地、股权、规费、国债等资产，迅速包装出一个资产和现金流均可达融资标准的公司，必要时再辅以财政补贴作为还款承诺，以实现承接各路资金的目的，进而将资金运用于市政建设、公用事业等肥瘠不一的项目。地方政府融资平台主要表现形式为地方城市建设投资公司（简称"城投公司"）。

地方融资平台早已有之，只是在四万亿经济刺激计划后，核裂变式膨胀。在2015 年之前，法律禁止地方政府发债，地方政府举债主要靠这类城投公司举债。2011 年爆发的云南城投违约事件首次引发公众对地方融资平台风险的关注。

地方融资平台的资金来源主要是商业银行，后来基金、资产管理公司、影子银行等纷纷成为其资金重要来源。经过四万亿疯狂扩张，现在城投公司正在规范，但是，聚集的风险不可小觑，特别是实体经济低迷的状态下。

其三，拖累银行。无论是地方债，还是地方融资平台，商业银行都是最大的直接或间接的资金提供方。

前中国银监会主席刘明康，在银监会召开的 2010 年第二次经济金融形势分析通报会议上介绍说，至 2009 年末，地方政府融资平台贷款余额为 7.38 万亿元，同比增长 70.4%。占一般贷款余额的 20.4%，全年新增贷款 3.05 万亿元，占全部新增一般贷款的 34.5%。这离世界公认的警戒线 60% 已经很接近了。

最近几年，银行和资管公司，以及影子银行等，在资产荒的大背景下，纷纷转投地方融资平台，在金融机构看来，与其他载体相比，地方政府融资平台相对安全。

金融机构的争相涌入，也让其融资成本逐步降低。

拉高房价的内在逻辑

短期内解决上述三大风险是不大现实的，只有一招可以完全化解，就是地方政府能够高价卖出且只有政府才能卖出的土地。

这就需要房价能不断上涨，因为，越是上涨才会有人买或者炒房子。接下来才会高价卖地，才会在各地出现所谓的"地王"。

于是，2015 年底，高层提出了房地产去库存的口号，住建部紧急全面部署，再接下来就是降低首付比例，也就是加杠杆，再接下来就是韭菜们要干的事儿了，拿出在银行的存款或者借钱买房子。

目前，基本形成了房价普涨之势。三大风险也就迎刃而解了。大小"地王"在各地出现，地方政府财政压力得以缓解，在反腐高压之下，敢打这块肥肉主意的会减少很多，起码不敢直接拿走或分了。

整体而言，政府卖地收入大幅度增加会减少地方债压力，但是，这依然不能解决各地不均衡的现状。比如东北三省，内蒙古，山西等地，这些地方已经出现鬼城、空城或半空城的情况，这些地方的土地依然不好卖，这些本来就存在债务危机的地区依然存在危机。

北京、上海、深圳等一二线城市本来债务负担就不是很重，现在卖地收入又高了，这些钱对这些城市而言属于锦上添花而已。

二线城市也是"喜大普奔"，房价上涨出现了很多新名称，比如：南京、苏州、厦门和合肥，被称为"四小龙"，这之后是广州、杭州和武汉，被称为"三叉戟"。

房价飞快上涨吃相也太难看了点，地方政府的土地也不是能无限提供的，韭菜也得一茬一茬地割，是吧。于是，各地出台了宏观调控政策，比如限制土地供应，地价如果是商品且属于垄断供应的商业——限制供应只会抬高地价而已。上海最聪明，限制夫妻共同购买房子，那好，假离婚多好办，这样本来只能卖出去一套房子的现在开发商可以卖出去两套了，卖完了库存再高价从政府手里买地。

地方融资平台获取银行贷款，或者其他途径融资主要的抵押物就是地方政府手里的土地或者财政担保，但是，财政的主要来源也是卖地收入。融资平台的违约风险也就解除了。

再看银行的信贷风险。银行的贷款最大的去向是国企央企，地方政府的债务和地方融资平台，今年最大的投向是个人住房按揭贷款。

国企央企有中央财政兜底，很多企业还是"地王"，地方政府和融资平台在高地价下已经悄然化解风险了。

住房按揭贷款的风险还是比较小的。我当记者那会儿第一个报道过，银行的压力测试显示，可以承受房价下跌30%，后来刘明康说还不止。大不了，银行把你的房子都收了，四大资产管理公司是为了剥离四大国有商业银行而成立的。当时，按照四大行分工，建行主要承担住房贷款和开发贷，它的资产管理公司信达资产管理公司被剥离了很多在当时的不良资产，比如烂尾楼和写字楼住宅等，后来信达靠这些"不良贷款"躺着赚钱了很久。

当房子还在玩击鼓传花游戏之际，棋已下完。我看到韭菜们还徜徉在成长的喜悦中。

（本文发表在新浪财经、腾讯财经和个人微信公众号：hejiangbingjinrong）

房地产已由蓄水池变成最大的堰塞湖

（2016年9月23日）

如果把货币比作水，那么无论存量与增量，中国的货币都是世界第一。为什么没有感受到剧烈的通货膨胀以及强烈的对外贬值？既然放了世界第一的水，那么为什么没有发大洪水？

因为，有两个地方可以蓄水而让你不会察觉到：一个是股市，一个是楼市。这两个地方无论股票涨还是房价涨都不会被统计局计入CPI，房租可以计入，但是，没有录入渠道，基本可以忽略。

股市不是好的蓄水池，房地产绝对是中国最好的货币洪水的蓄水池，甚至是分洪区。现在，这个蓄水池已经核裂变成了中国最大的"堰塞湖"，处置不当后果不堪设想，或比日本失去的十年严重得多。

为什么货币发行的多却没恶性通胀？房地产起到了伊拉克蜜枣功能

自改革开放以来，老一代人感触最深的是20世纪80年代的价格双轨制，价格冲关那两年，之后，部分商品涨幅过快，但是也很快平息，手机、家电、汽车等降价是常态。

十几年来，国家统计局公布的CPI涨幅大体都在3%左右，很多人表示怀疑与不解。从广义货币M2的增速与存量看，都会让人难以置信，国民生产总值GDP每年增速在7%左右，M2在13%左右甚至更高。

大约十年前，时任中国银监会副主席、现任中国光大集团董事长的唐双宁先生写过一篇《金融如水》的文章，是金融界第一个把金融比作水的，该文写的也是行云流水，这里不分析这篇文章了。

文章中提到过筑大坝、引水等。改革开放之初的 1980 年底，M2 是 1661 亿元，十年前的 2006 年底，M2 是 345578 亿元，2016 年 8 月末，M2 余额 151.10 万亿元。

现在的货币存量是 36 年前的 909 倍，是十年前的 4.37 倍。据报道，中国 M2 总量相当于美国加欧元区的总和，无论增量还是存量，中国的货币量世界第一是事实，那为什么没有出现类似于埃塞俄比亚、委内瑞拉等国家那样的恶性通货膨胀呢？

中国老一代领导人陈云主管经济，在《陈云文选》中有记载。陈云同志说："一九六二年货币流通量达到一百三十亿元，而社会流通量只要七十亿元，另外六十亿元怎么办？就是搞了几种高价商品，一下子收回六十亿元，市场物价就稳定了。"

北京大学教授周其仁（曾任央行货币政策委员会委员），在其任委员期间写过一篇文章讲述过。那是 20 世纪 60 年代的故事，那时的伊拉克蜜枣，进口的，每斤要卖 5 元钱——那可是 1960 年代的 5 元钱！

我又查了一下，当时的 5 元钱可以买 40 斤大米，或 6 斤大闸蟹，或 7 斤肉。严格来说，伊拉克蜜枣确实很贵的。

这个伊拉克蜜枣其实就是几个"高价商品"之一。现在，货币供应量太大，这么玩是不行的，于是，出现了股市、楼市，起到了伊拉克蜜枣的作用。

这个池子靠不住，容量不够波动起伏大

改革开放之后，货币增长的速度很快，如果再靠伊拉克蜜枣之类的显然已经无法阻止物价飞速上涨了，很多国家因为通货膨胀发生政权更迭的事件。那么，这么多货币流向哪里好呢？

货币本身也具有逐利性，当年炒过大蒜，出现过"蒜你狠"之类的名词；中国大妈们在黄金教主宋鸿兵领导下决战华尔街把黄金价格拉起来过，不过后来暴跌下去，不知道大妈们解套没有……总之，货币之水到哪里哪里涨，那么股市可

以吗？

前面说了股价和房价不计入 CPI，不仅仅是中国，据说是国际惯例，这个不能骂统计局。

因此，货币之水进入股市或者楼市，推高股价和房价不会影响到普通物价上涨。

股市不是个好池子。首先，因为中国资本市场目前依然不够强大，十年前更小，基本可以忽略掉，容量有限。

其次，这个池子不稳定，一有风吹草动，散户甚至庄家，连大股东都会跑掉，结果经常有国家队出面救市，而韭菜们见了救市就跑了。

查了下凤凰卫视的报道，2015 年 6 月 12 日，上证指数创下 5178 点的近年新高。随后急转直下，跌至最低的 2850 点，跌幅达到 45%。

凤凰援引 Wind 资讯统计显示，2015 年 6 月 1 日，沪深两市的总市值为 71.16 万亿元，而到了 2015 年 9 月 22 日，两市总市值已经缩水至 46.88 万亿元，在不到三个月的时间里，两市总市值迅速蒸发了 24.28 万亿元。

这个水池目前也是不到 50 万亿。池子小波动还大，搞不好很多股民还会跟复旦大学谢百三教授那样跳起来骂娘，还要把证监会主席告到高层，好害怕。

央行行长周小川是当过证监会主席的，他当然也知道这个池子不行。

有人不信，去年非要搞个国家牛市，搞个慢牛，结果如你所愿。

面对 150 多万亿的货币，资本市场还是显得有点小，且不稳定，这个池子后来被放弃了。

楼市成了泄洪区，现在成了堰塞湖

选了一圈，曾经准备被放弃的房地产又重新捡起来了。

大量资金进入房地产市场，必然会带动地价和房价的大幅上涨。不过，也有好处。第一，中国土地国有，卖地收入归地方政府，可以缓解地方财政债务危机、地方融资平台风险（昨天写过《房价上涨转移了三大金融风险》）。第二，房价上涨可以降低银行信贷风险，同上文。第三，这个池子稳定，股票不稳定是因为买卖太容易、便捷，韭菜们还没长好就跑了，房地产市场买卖都很漫长，并且，长期来看，中国房价涨多跌少，老百姓也是买涨不买跌。

最重要的是，房地产这个池子够大，不仅仅可以做蓄水池，简直可以成为货币过剩的分洪区。

根据 2016 年年初，《新快报》记者谢蔓的报道，日前，国土资源部发布《不动产登记暂行条例实施细则》，对登记主体、程序、类型等逐一细化。第一太平戴维斯预计中国房地产市值约为 270 万亿元人民币，为国内生产总值（67 万亿人民币，2015 年）的四倍以上，为股市市值（约 40.3 万亿人民币，其中沪、深市值分别为 22.9 万亿和 17.4 万亿人民币）的六倍以上（作者注：现在的股市总市值略高于此数据）。

关于中国房地产的总市值，估算的差别很大，但是，至少也在 200 万亿元以上。相比股市，楼市真是个好池子，必要时可以充当泄洪区，反正，卖楼可不像卖股票敲几下键盘就可以了。

问题是，现在疯狂的楼市已经到了让人窒息的地步了。无处无人不谈楼市，有上市公司眼看要退市，卖了两套学区房保住了壳；罗永浩创业造锤子手机，投进去两亿元，现在亏完了，网友们问：你咋不买几套房子呢？

更多的父母对要创业的孩子说：创什么业，炒房子去。你有罗永浩聪明吗？面对这样的难题我竟无言以对。以前只是说房地产绑架了银行，现在更多的经济学家疾呼房地产绑架了中国经济。

没有不破的泡沫，也没有不满的蓄水池。现在，楼市不再是蓄水池和分洪区了，而是中国最大的堰塞湖了！

《第一财经日报》引述经济学家任泽平 9 月 20 日发布的房地产分析报告认为，从房地产占 GDP 比重的指标来看，中国房地产存在明显泡沫。报告中的数据显示，中国房地产总市值占 GDP 的比例为 411%，远高于全球 260% 的平均水平。

海通证券一份最新的报告显示，无论从哪个指标看，中国的房市都到了崩溃的边沿，新增房贷占 GDP 比重大，经济存在泡沫化风险。日本即使在房产泡沫最严重的 1989 年，居民新增房贷占当年 GDP 的比重也未超过 3.0%，美国金融危机前新增房贷占 GDP 比重在 2005 年达到 8.0% 后见顶回落。而 2015 年中国新增购房商贷＋公积金贷款占 GDP 比重为 4.9%，2016 年上半年已达 7.7%，比重大幅提升，与美国历史高点相当接近，表明地产泡沫化风险已近在咫尺。

或许楼市疯长与你无关，崩盘时绝对与你有关，这么多水流到哪里哪里就会涨。水来之前，吃点便宜瓜去！

（本文首发于新浪财经和腾讯财经）

高房价拐点只等一件大事，会很快发生

（2016 年 9 月 26 日）

房价如此疯长，估计除了长期一直看好鼓吹房价会永远上涨的开发商和专家外，一切经济学家、各路专家、金融学家都是一脸懵的。大家最想知道的恐怕就是，高房价的拐点什么时候到来？

回答这个问题之前，得科普点金融常识与规律。简言之，人民币实现国际化、可自由兑换之际，就是房价暴跌甚至崩盘之时。反过来，由于高房价绑架了中国金融和经济，这样也会成为人民币国际化进程中最大的障碍。

人民币国际化正在加速进行中，一旦实现人民币可自由兑换，游戏就结束了，快则一年内，最多不会超过 3 年。人民币国庆节即将纳入国际货币基金一揽子货币，中国人民银行和外汇局随时都可能宣布资本项下开放，即人民币可自由兑换。

内因已经失效，人民币国际化会让水均衡

有开发商说，拉动中国经济增长的只能靠房地产，目前看来的确是这样，央行公布的数据显示，七月份银行新增贷款的全部、八月份的大部分都是房地产按揭贷款，企业停止投资，还贷款或者把钱存入银行，造成 M1（主要是企业活期存款）增幅爆表。

房价真的会像永动机一样一直涨下去吗？答案是：不会。中国的房地产与世界绝大多数国家是不一样的，中国的土地是政府供应，出卖土地使用权获取土

出让金，各地政府当然希望房价越高越好，这样土地出让金就会获得的更多。

已有住房者和开发商也希望房价上涨，这个无须赘言了。上文中已经提到，中国货币存量世界第一，房地产吸纳了绝大部分货币之水，新增的贷款也都流向了这里。

由于中国的人民币基本是封闭运行的，中国人民银行发行的货币都是在被圈起来的池子流通，中国目前的广义货币 M2 是美国和日本加起来的总量。

无论从购买力平价还是其他指标看，人民币明显被高估，出国购物成了日常。一旦人民币国际化后，人民币可以自由流通，那么，我国人民币的封闭池子就会被打开，与国际货币的水合流，被高估的人民币将会不以人的意志为转移地贬值。故，自 2013 年至今我一直呼吁人民币主动贬值以便与国际货币接轨而不至于决堤。

作为人民币最大的载体，房地产贬值是一定的，目前很多报道中高收入者卖出一线城市的房子到国外买房养老，这属于政策红利，人民币尚未国际化，大坝还在。一旦打开，流出会更多，直到与国际均衡。

无论从什么指标看，中国房价虚高，人民币国际化后，必将让包括房价在内的资产泡沫破灭。这是经济金融规律，不会以任何人的意志为转移。

可以贪婪与疯狂，不可违背规律，否则会受惩罚。追涨杀跌、投机炒作是人类的天性，国人更是登峰造极。这轮房价上涨，已经表现得非常突出与充分，逐利无可厚非，只是，得在你疯狂之前，我告诉你，你将来是怎么死的。

"资本自由流动、货币政策独立、币值（汇率）稳定"三项目标中，一国政府最多只能同时实现两项。这是著名的"蒙代尔－克鲁格曼不可能三角"。其中，蒙代尔于 1999 年、克鲁格曼于 2008 年分别获得诺贝尔经济学奖。

比如，中国香港就选择了港币可自由流通和固定汇率紧盯美元两项，那么，香港势必要放弃货币政策的独立性。所以，长年来，美国美联储不论加息降息，香港必定跟进加息或降息，无论经济状况如何都必须跟进。原因很简单：当美国加息后，美元本币会升值，港币为了能与美元同等升值必然要加同样的利率，这样才能保证港币可自由兑换和与美国汇率挂钩。

世界上大多数国家选择的是货币政策独立性和本币的可自由流通，放弃固定汇率。

中国目前状态是货币政策独立性，盯着包括美元在内的一揽子货币，资本项下未开放。人民币国际化的改革就是实现人民币国际化。在中国这样大，情况复杂的国家是不可能选择放弃货币政策独立性的。

要实现人民币可自由兑换，那么，人民币国际化可自由兑换只能放弃的是固定汇率，让人民币对美元和其他国际货币汇率自由浮动。

如果明白了这个道理，那么，人民币资产与国际货币资产就有了可比性了，房子也是可比的。20世纪80年代，日元兑美元大幅贬值、房价腰斩、股市暴跌引发了特有的"日本病"，发作了十年，之前，日本说东京的房价只涨不跌。

人民币国家化就差一脚，各种倒计时倒逼提速

据报道，人民币将在10月1日正式纳入国际货币基金组织（IMF）特别提款权（SDR）篮子，成为同美元、欧元、英镑以及日元并排的第五种SDR篮子货币，这对中国的金融改革和人民币汇率走势都是影响重大的事情。

IMF总裁拉加德表示，人民币"入篮"后将成为SDR篮内的第三大货币，有利于推动SDR的代表性、改进完善现行国际货币体系，对于中国以及世界是双赢的结果。

第一个倒逼是国际上的：人民币都成了国际储备货币SDR篮子货币了，可是人民币竟然不能自由兑换，这从哪个角度都说不过去吧？可以拖一时，不可长久吧？如果央行胆够大，在十一长假前后宣布资本项下完全开放实现人民币可自由兑换，我一点都不吃惊。

那么，央行为何迟迟不敢宣布实施呢？的确担心资本项下开放，会导致房价暴跌——并且有暴跌的基础。不过，这样一直拖下去，房价还会暴跌，"央妈"会考虑过早结束这种疯狂失控的房价而宣布提前进行，不是没有可能。

2009年3月，国务院常务会议决定，到2020年将上海建成国际金融中心。上海市市长杨雄前不久表示，到2020年，上海基本建成国际金融中心。杨雄说，正在制定上海国际金融中心建设"十三五"规划。总的目标是，到2020年基本建成与我国经济实力以及人民币国际地位相适应的国际金融中心，迈入全球金融中心前列。

上海要建成国际金融中心，硬件方面我毫不担心，软件也好说，最大的问题是人民币国际化，最迟，到 2020 年未来三年多的时间人民币必须国际化。

拐点在人民币国际化之前还是之后还是同时发生，已经不再重要了。

（此文首发于《新京报》，后经新华社官网、中国经济报官微、腾讯、搜狐、凤凰、新浪等连续五轮密集报道与引用，影响较大）

货币供给侧看高房价

（2016 年 10 月 12 日）

经济学家除了段子就真的不能用经济金融角度解释高房价了？非也。10 月 1 日我用小号在新浪发了个微博，转发键消失之前是 3000 多转发、点击 120 多万。段子是：感谢高房价吧，如果不是有钱人都把钱砸进房子里，151 多万亿的货币，都在市面的话，想吃瓜，得了吧，米你都买不起。另外，有很多有钱的群众交完首付后基本就成了银行的奴隶了，消费能力跟你差不多了。对于高房价，大多数人应该心存感激！

这里面有合理的部分，也有不全面的部分。第一，房地产绝对是货币的蓄水池。中国房地产总市值只会高于 200 万亿。假设首付为 20%，吸纳购房者的资金就是 40 万亿。每月的月供也在吸收你的资金，这有毛病吗？

第二，房地产也创造货币，成为货币的供给方。银行放贷款都能产生派生存款，房贷也不例外。比如，100 万元的房子，购房者提供了 20 万元的首付款，80 万元需要银行贷款，开发商拿走这一百万元，他们并不一定放家里，而是继续存在银行。

也有不放银行的，比如恒大和宝能就去拿万科的股票，你们在买他们的房子他们却在买另一家的股票。

第三，是央行货币发多了形成的高房价，还是高房价导致央行货币多发？这是先有鸡还是先有蛋的问题，应该由哲学家去回答。

专门研究房地产的经济学大家似乎没有，有两个著名的规则，一个是诺贝尔经济学奖获得者格兰杰的房价与 M2 单向正相关理论，房价高低不决定 M2 余额，但 M2 余额多少可直接影响房价高低。

我们 M2 增速一直保持在两位数，这是拉动房价上涨的货币基础。

另一个制约房价上涨的是蒙代尔三角原理。前文提到过，"资本自由流动、货币政策独立、币值（汇率）稳定"三项目标中，一国政府最多只能同时实现两项。这是著名的"蒙代尔 - 克鲁格曼不可能三角"。

有人在反驳我的文章中支持中国会放弃选择货币政策独立性而选择汇率稳定和资本可自由流通。这个观点是错误的。选择放弃货币政策独立性的而选择后两者的主要代表就是中国香港。

香港是世界金融中心，自由贸易港，汇率稳定对香港十分重要，港币更不可能放弃自由流通，于是，选择了放弃货币政策独立性，这是为什么美联储无论加减息香港第二天必定跟上的原因。

索罗斯当年攻击英国央行成功而攻击中国香港失败最主要的原因是，英国央行货币政策没有独立性，攻击中国香港为何会失败？因为中国香港货币政策根本不要独立性，选择港币可自由流通，汇率稳定没有问题。维护这个只需要拼美元，加之中国人民银行"神助攻"，个人肯定搞不过一个国家，这就是拼量的问题。说穿了就是谁的钱多谁赢，跟万科之争一样。

中国放弃货币政策独立性根本不存在可能性。且不论其他社会制度，但从复杂性与特殊性就不大可能。很简单的例子，当前，中国经济处于下行周期，美国经济处于强劲复苏期，中国是降息和降准周期，美国是加息周期。

如果放弃货币政策独立性而加息，汇率可以稳定，人民币可以国际化，但是，中国的经济会雪上加霜。

如果实现人民币国际化，人民币可以自由兑换，而又要保持货币政策的独立性，那么按照蒙代尔三角原理，中国不得不放弃汇率稳定性。这是为什么中国人民币入篮子后立即对美元贬值的金融学逻辑。

人民币贬值后，房价还会涨的。这个观点也是错误的。

在我微博微信公号上留言的很多人持有这种观点，人民币国际化后，从购买力平价等方面会趋于均衡。什么时候可以达到均衡的一个重要指标是：国人不成群结队去日本买马桶盖，不到欧洲、美国疯狂购物了，就差不多均衡了。

由于人民币被动维持高估的位置，导致的后果是外汇储备减少，部分外资撤离，对外投资增加，各种留学消费换汇的需求增加。其实，人民币汇率管制是一种隐形的福利，能享受到这种福利的人是你可以顺利地办到签证，能换很多美元欧元英镑然后出国消费。

人民币贬值加之经济下行，各种指标均显示房地产泡沫严重，房价下跌是合理的（版面限制下文再论）。

需要澄清几个事实，在《新京报》发的房地产文章中，作者本人并没有说人民币入篮就国际化了，也没说入篮是拐点，网站也需要吸引眼球，各位理解一下。

保持人民币国际化一到三年的判断，人民币国际化后，各国也有储备人民币的需求，毕竟中国是第二大经济体，贸易大国。还有强大勤劳的国民做支撑，人民币也不会无限度地跌下去，只是来个痛快的还是慢慢混的问题。

（本文发表于《新京报》）

稳住汇市房市关键不在央行和索罗斯

（2016 年 10 月 17 日）

目前，人民币对美元连续创下六年多的新低，房价却创下历史最高，于是在十一长假期间不少城市采取各种限购措施，这些措施可能只会冻结交易对房价不会造成实质性影响。很多人寄希望于央行，希望干预汇市、稳定汇率。又有力量节前频频施压央行实施更为宽松的货币政策。央行真不是万能的，年初就有大量舆论痛批索罗斯做空中国，事实证明是翻译错误，人家索罗斯也没动手，媒体自己大战风车到高潮不止。

汇率之争谁遵循原则谁赢，包括索罗斯；谁违背原则谁输，包括英国央行和俄罗斯央行。

索罗斯的得失背后的原理

索罗斯为大多数中国人所知可能源于 20 世纪 90 年代亚洲金融风暴中做空港币，香港当局应对得当，加之，中国中央政府的真金白银的火力驰援，金融大鳄索罗斯兵走麦城。

索罗斯成名之作可能是 1992 年打败英国央行英格兰银行，让英镑大幅贬值从而获得巨额利润。1990 年，英国加入了西欧国家创立的新货币体系——欧洲汇率体系，索罗斯认为这些西欧国家的货币可能会互相紧盯，形成新的相对固定的汇率。但是，当时意大利和英国经济处于下行期，德国很难与其在货币政策方面达成共识。果然，当索罗斯放风做空英镑时，遭到德国央行的拒绝。1992年9月15日，英格兰银行投入30亿英镑救市，后来投入了269亿美元救市。再后来，为了保持本币币值稳定，把利率提高到15%，还是败下阵来，索罗斯做空英镑获利10亿美元左右。

俄罗斯前两年因为石油暴跌也出现过经济危机，卢布暴跌，俄罗斯央行加息的幅度比英国还猛，下调也很厉害，结果也败了，并把索罗斯的公司驱逐出境。

为何索罗斯在做空英镑、卢布大获全胜而做空港币时失败了？很多文章都把主要原因归咎于英格兰银行和俄罗斯央行子弹不足——投入救市金额不足，而香港获得中央政府支持投入救市资金充沛有关。

这的确是一个原因。更深层次的原因是，索罗斯成因蒙代尔三角原理，败也因三元悖论。

"资本自由流动、货币政策独立、币值（汇率）稳定"三项目标中，一国政府最多只能同时实现两项，这是著名的"蒙代尔－克鲁格曼不可能三角"。

当年，英国求德国降息就表明了，英国选择的是汇率稳定和英镑的自由流通，必然牺牲的是货币政策的独立性。因为英国经济的下滑，又不能独自降息，如果独自降息，本币贬值是必然的，等于是帮了做空英镑的索罗斯。

后来，英格兰银行为何又大幅加息了呢？同样，主要是保持本币的稳定，与索罗斯对决。

但是，英国经济处于下滑期，加息对经济复苏必将产生更严重的打击。这毛病在2015年俄罗斯央行也重犯了一次。

香港金融当局当然知道这一原理，他们放弃了货币政策的独立性，紧盯美元和港币可自由流通。这时候，影响胜负的就在于投入资金多少了，索罗斯再牛也不至于有中国外汇管理局的外储多。

楼价在经济下行、本币贬值中必跌

支撑本币和房价同处于高位的是经济运行良好，这是大前提，没有良好经济基础做支撑，房价和本币贬值是规律。

很多机构都发布过房价泡沫的各种指标，鉴于这些泡沫在疯狂的房价上涨过程中已经失灵很久，那么我们从现实的例子中看看房价凭什么还会疯长。

先看租售比与理财。

之前举例过，笔者跟经济学家韩志国一起在京吃饭，一位教授有三套房子，他问韩志国如何投资。韩志国建议教授卖一套最大的房子全部买美元，清空手中股票。笔者也支持这个建议。那位教授一套最大的房子当时市值是1000万元人民币，租金每月收7000元。韩志国说，你卖了即便找银行做理财年化收益率10%很容易达到，一年收益百万元，即便是6%的收益率也是60万元，即便房租涨价到1万元，一年房子只有12万元。如果房价还在涨，收益完全能覆盖涨价部分。

再看买房后你怎么活。

以北京为例，买一套面积为80平方米的房子，价格是每平方米按北京平均价格5万元人民币，首付款是35%，随便在官网上找一个房贷计算器，按首付40%算，期限20年，利率按基准利率，那么每个月需要归还的房贷大约是18324元。

北京的平均工资，网上有传七千的也有月薪八千的，就按一万算，这也得两个人的工资搭进去了，你家几个劳力？

这时候，降息降准的呼声比较多，都是打着避免经济下行的旗号。降息降准有用吗？今年七月份的全部新增贷款、八月的大部分都是住房按揭贷款，在高房价的刺激下，信贷还会投向房地产。

还有谈了很久的M1暴增的问题，主要是企业存款增加，企业不投资、不投实业造成的。降息降准唯一会推高的就只有宇宙最大的泡沫房子的价格了。

另一方面，降息降准会让人民币加速贬值。我们虽然有3万亿多一点美元外汇储备，八月底，全国人民币存款余额148.52万亿元。外汇储备约20万亿人民币，如果出现购汇潮，需要索罗斯出手？

不把资金从楼市的池子里赶出来，就避免不了房地产一业兴百业衰的恶性循环。

在经济下行的情况下，只能顺势而为，让本币贬值、房价下跌，只有主动贬值和被动贬值的区别。英国和俄罗斯的央行没有遵循这个规律，损失惨重。

撇开货币政策找出路

近期，中国国家外汇储备逐月下降，且幅度较大，人民币对美元出现贬值趋势。这些属于正常现象，货币也是特殊的商品，汇率是其价格。

过去的十多年，由于中国对外贸易连续出现顺差，对大陆投资持续增加，不排除部分热钱的涌入等造成了中国外汇储备的逐步增加，最高时接近四万亿美元。因为人民币并非可自由兑换货币、资本项下并未完全开放，流入的外汇，中国人民银行要回收，这一方面成为中国央行发行货币的主要途径，另一方面表明，中国的外汇储备并非国家的财富，属于央行负债性资产。

中国外汇储备的减少原因比较多，大致分析有以下几个原因。贸易趋于平衡，顺差收窄。

另外的原因也不得不重视，商务部之前的消息，2015 年中国人境外消费约1.2 万亿人民币，买走全球 46% 奢侈品。2015 年中国消费者全球奢侈品消费达到1168 亿美元，全年中国人买走全球 46% 的奢侈品。这其中，910 亿美元在国外发生，占到总额的 78%。也就是说，中国人近八成的奢侈品消费是"海外淘货"的。

据中央党校国际策略研究所副所长周天勇教授提供的数据称：这类的例子我们可以找出很多，如在资产投资方面，中国公民到美国、加拿大、澳大利亚、欧洲各国等地购买土地房产和投资股票债券；比如在人力资本投资方面，中国 2015 年在外留学的规模为 170 余万人，而到中国留学的只有 40 万人左右，教育服务贸易逆差 1000 多亿美元；比如中国游客到国外旅游的，从 2005 年的 3000 多万人，快速增长到 2015 年的 1.2 亿人，大量地从国外购买奶粉、化妆品、保健品、电器等，旅游服务贸易逆差 1000 多亿美元；比如一些企业家将自己的资金、产业等转移到国外，并投资移民等。

一方面，随着美国经济的强劲复苏，新能源的利用成本相对降低，外资企业从大陆流向美国；另一方面，中国人口红利消失，人力成本增加等，外资企业从大陆移向越南等不发达国家，甚至很多大陆企业也整体搬迁。

另外，有出于对大陆政策的担心而撤资的，最具代表性的是香港富豪李嘉诚不仅从大陆撤离甚至还从香港撤资。

阻止大规模出国购物的一个财税政策是大幅降低进口关税，提高产品质量和竞争力，优化环境，其中包括自然环境和法治环境。对外援助和政府间贷款要规范化和制度化。

另外，一方面宣扬抵制肯德基、麦当劳、苹果等外国品牌，一方面又想吸引外资，这不合适吧。

无论是减税、杜绝乱收费、提高教育水平，还是提高国内产品质量、降低物流成本，都不是央行和外汇局能够做到的。

（本文发表于《中国经营报》）

二手房普跌严重的金融后果

（2017 年 6 月 1 日）

最近，铺天盖地的财经新闻是，北京二手房普跌，部分区域二手房价格下跌幅度超过 20%。这只是对上涨过快的房价的一种修复，假设全国的二手房价格出现普遍下跌，会造成什么后果？对谁的冲击最大？谁最先哭？答案是商业银行。

房价下跌对银行直接和间接冲击主要有：断供、抵押品贬值风险、不良贷款增多；地方融资平台违约，最终还是让银行受损；债务危机加深，银行风险增多；个人财富缩水。还有一个大众想不到的后果：广义货币 M2 减少，商业银行被动缩表。

二手房降价交易会导致商行缩表与个人财富缩水

5 月 27 日，本人发表在《华夏时报》那篇《M2 拐点前提：房价普跌》（以下简称"《普跌》"）那篇文章中，已经详尽列举了 M2 如何在新房和二手房交易中，因为房价的上涨，直接导致 M2 大幅上涨的例子，这里一样可以举例说明，房价下跌交易中 M2 会被动减少，这样会导致商业银行资产负债表被动缩表。

《普跌》中提到，假设 2006 年，张三在某地买了价值 100 万元的房子，如上所说。10 年后的 2016 年，这所房子涨到 1000 万元，卖给了李四。

李四同样找建行贷款 800 万元，首付 200 万元。这时候，张三的存款账户上多出了 1000 万元，扣除自己当初的首付款 20 万元和银行贷款本金 80 万元，利息为方便起见不计，张三赚了 900 万元，此时账户多出了 1000 万元存款，李四的账户减少 200 万元。对于商业银行来说，这时候存款总额多出了 800 万元——张三的 20 万元存款在 10 年前购房的时候已经转移了；80 万分期付款并非张三的存款。

假设二手房跌去 20%，王五从李四手里购得，那么现在这个房子的价值就是 800 万元。同样假设首付款 20%，那么王五就得付款 160 万元，从建行贷款 640 万元，交易后，李四的账户上多了 800 万元（这 800 万元刚好够还银行贷款不构成 M2），实际亏损 200 万元。如果下跌 30%，则 M2 在李四这里还会下降 100 万元；王五的 M2 直接减少了 160 万元首付款。这样银行在二手房价格下跌的过程中 M2 会随之减少，导致商业银行被动缩表。

与商业银行被动缩表会同时出现缩表的是：家庭财富缩水。全国房地产总市值大约 270 万亿元，如果贬值 20%，就是 54 万亿，人均减少财富 3.9 万元。何况，一旦泡沫破灭，根本不一定下跌二到三成，会有惯性和恐惧症。

房价下跌风险，几乎都会落在商业银行上

很多人说地方政府最害怕房价下跌，这可能是现实。但是，最怕房价下跌的还是银行。因为房价下跌，地价下跌，地方政府还是可以以稍低的价格出卖土地而收益，银行则承担了房价下跌所有的风险。

前不久，全国人大财经委副主任委员黄奇帆在复旦大学有个演讲很轰动，他引述的数据应该相对权威。他说：2016 年，中国 100 多万亿元的贷款，有百分之二十七八是房地产相关的，开发贷加按揭贷，也就是说，房地产用了全部金融资金量的百分之二十七八。

黄奇帆说，大家知道房地产在国民经济中产生的 GDP 是 7%，绑架的资金量是百分之二十七八，2016 年，工农中建交等主要银行，新增贷款的百分之七八十是房地产，全国而言，到 2016 年年底，全国新增贷款量的 46% 是房地产。

黄奇帆还说，从这个角度讲，房地产绑架了太多的金融资源，也可以说，脱实就虚，这么多金融资源没有进入实体经济，都在房地产。

远高于 10 万亿元的地方融资平台其主要抵押品就是土地使用权，如果房价

持续下跌，也会影响地方财政收入，抵押品出现风险，而地方融资平台主要是商业银行贷款，或者是银行资金通过影子银行投放到地方融资平台的。

黄奇帆说，这些年，中央加地方的财政收入，房地产差不多占了 35%，听起来还好，但是因为中央没有房地产的收入，房地产收入属地化，所以这一块房地产的收入、土地出让金、预算外资金有 3.7 万亿元。

黄奇帆介绍，在地方税里面，有 40% 是房地产关联的税收。我们整个国家的税收是 17 万亿元，地方税总的 10 万亿元，有 4 万亿元与房地产关联，再加上土地出让金、预算外资金，叠加起来，将近 8 万亿元。讲这段话的意思是，整个地方的收入是多少呢？一共是 13 万亿元或者 14 万亿元，里面有接近 8 万亿元是和房地产有关的，如果地方政府离了房地产，是会断粮的。

这样，如果房价真正出现崩盘，地方债就会出现危机，银行直接和间接投放到地方融资平台的资金出现风险。而房价下跌往往还会伴随经济下滑，财富缩水，导致实体企业偿还债务和银行贷款能力锐减。由此，企业必然会裁员降薪，而依靠工资供房贷的工薪族，随时可能会出现断供风险。

（发表于 2017 年 6 月 1 日《新京报》）

M2 破十真相：房价暴涨结束

（2017 年 6 月 19 日）

央行公布 5 月 M2 增速在几十年来首次同比增长 9.6% 后，各种解读和恐慌接连而来。其实，这个结果早在我预测之中。这个结果可以确定一个现实：从全国来看，房价暴涨基本结束，部分地区出现下跌和交易被冻结情况，对实体经济来说，整体是好事。

房价拉动 M2 趋缓

早在央行数据公布之前，5 月 27 日，我在《华夏时报》发表了《M2 拐点前提：房价普跌》，之后又在《新京报》发表了一篇文章论述房价下跌对 M2 造成收缩影响和让商业银行被动缩表，在腾讯网发表了一篇文章论述保汇必须降房价，论证 M2 与房价关系，不再赘述。

在我看来，无论是房价还是 M2 都不可能只涨不跌，这个世界上只有一样可以只涨不跌：你的年龄。

由于中国国情的特别性，无论是房价还是 M2 都有一定的独特性。2016 年，很多月份，大部分银行新增贷款都是房贷。所以，贷款派生存款都是房贷形成的。企业不贷甚至归还银行贷款，企业只存款不贷款，造成 M1 增幅一度保持在 20% 以上。

在上述三篇文章中，我详细解答了为什么房价上涨会拉动 M2 上涨，当房价下跌到一定幅度的时候会拉动 M2 下跌。

投资者将房子卖掉转而换汇海外购房十分常见，这从此前被调侃的中国购房者蜂拥加拿大炒高房价，可见一斑。270 万亿元总市值的房子，卖出十分之一，外汇就换空了。笔者曾分析，为保持国家安全稳定，决策层的价值排序首先在保汇，而保汇就得降房价。降房价就得拉低 M2，M2 降低会造成商业银行被动缩表。

从各地调控措施来看，也都是有针对性和从根本上解决问题的。比如，今后 5 年，北京市将继续加大租赁住房供应，计划供地 1300 公顷，建设租赁住房 50 万套，并主要通过集体建设用地安排。北京将坚持新增建设与盘活存量并举，未来五年将新建 150 万套住房，包含 25 万套自住型商品住房和 20 万套中低价位、中小套型商品住房，让住房保障发展成果惠及更多居民。

从 M1 与贷款看实体萌动

狭义货币 M1 自 2016 年下年年以来以 20% 速度持续增长，这主要是由于租金、税费、人工成本等高企，企业不增加投资，不贷款，甚至归还到期贷款，钱都存入银行。2017 年 5 月，M1 同比增长 17%，增速有所放缓，至少有企业开始积极地将自有存款用于生产经营。

根据央行社会融资总规模和增量统计来看，央行所指的实体是境内不含金融机构和个人的广义的实体，是包括贷款在内的金融机构借贷给实体资金的统计数据。2017 年 5 月末，社会融资规模存量为 165.2 万亿元，同比增长 12.9%。其中，对实体经济发放的人民币贷款余额为 111.95 万亿元，同比增长 13.2%。

5 月，当月对实体经济发放的人民币贷款增加 1.18 万亿元，同比多增 2406 亿元；对实体经济发放的外币贷款折合人民币减少 99 亿元，同比少减 425 亿元；委托贷款减少 278 亿元，同比多减 1843 亿元；未贴现的银行承兑汇票减少 1245 亿元，同比少减 3822 亿元；企业债券融资净减少 2462 亿元，同比多减 2212 亿元；非金融企业境内股票融资 507 亿元，同比少 567 亿元。

从这组数据中可以发现很多信息：对实体贷款增加，说明企业贷款意愿有所增强；对企业外汇贷款控制从紧了；委托贷款等其他融资渠道正规化后也有所减少。

企业越来越依赖银行贷款，而银行主要资金都投向了房地产，这也是企业急迫需要上市融资的资金层面大局。所以，在各方面的压力下，IPO 成了企业融资的另一个压力口。

M2 放缓属于正常化开始

早在 2016 年，中国的 M2 已经是第一大经济体美国和第三大经济体日本的总和，一线城市北上广深房价总市值是美国的一半、整个日本的房地产市值。这从哪个角度来说都是不正常的，人民币除非不国际化，国际化后必然受到经济、金融规律约束，最简单的一个道理如上所述，即便十分之一的房子卖掉也足以换空外汇储备。

中国的 M2 快速增长主要由房价上涨拉动，而房价下跌的过程必然会拉动 M2 放缓甚至下跌，这对实体经济来说，是利大于弊的。不过，房价快速下跌也不是件好事，最担心房价下跌的肯定是银行。所以，保持房价的平稳或下跌可能是当局所要的。

新增贷款绝大部分是房贷，这对任何一个国家和社会来说都不是好事，中国还是以间接融资为主的国家，房地产和住房按揭贷款把有限的信贷资源耗尽，对于实体经济来说，等于抽走了其血液。高房价和租金也直接增加了企业成本，更有卖掉企业炒房子的现象出现。

央行有关负责人说：估计随着去杠杆的深化和金融进一步回归为实体经济服务，比过去低一些的 M2 增速可能成为新的常态。

（发表于《新京报》）

压力测试显示银行足能承受房价下跌 20%~30%

（2010年4月30日）

4月30日，《华夏时报》独家获悉，为防止炒地、炒房，特别是开发商恶意囤地、圈而不建行为，银监会要求以在建工程抵押，取消土地抵押。部分商业银行已停止以土地为抵押贷款，正在研究制订以在建工程为抵押贷款的规则。

根据监管部门要求，各家商业银行都对房地产贷款进行了压力测试。本报另外获悉，各家商业银行对于房价下跌的容忍度是不一样的。容忍度最高的是民生银行，假如房价下跌40%，不会影响该行资产质量；农业银行的容忍度是房价下跌20%，之后，房价每下跌一个百分点，就会多形成一个百分点的不良贷款。具有代表性的是交通银行，其房贷压力测试显示：假如房价在此次调控中下跌30%，交行对公开发房贷不良率将上升0.8个百分点，个人按揭不良率将上升0.9个百分点。建行、工行与之类似。

曾有开发商说过："要死银行先死。"然而，谁先死开发商说了不算。如果房价大幅下跌，先死的一定是开发商。"即便开发商死10次，银行也死不了。"一家大型商业银行房地产信贷部副总对本报表示，"最多，增加微不足道的一点不良贷款而已。并且，银行提足了拨备，并不会影响银行盈利能力，即便收回断供的房子，银行也不会像开发商那样害怕资金链断裂。""房价下跌两到三成，对于五大国有商业银行和已经上市的股份制商业银行是可以容忍的。"

开发商死不伤银行，跌四成民生毫发无伤

各家商业银行根据银监会的要求都认真做了放贷压力测试。

因为各家商业银行对房地产企业和个人贷款时间点和集中度等情况不同，以及在不同的区域放款策略的差异，压力测试的结果有所差别。但是，有一点是共同的：银行对房价下跌幅度的承受能力远远超乎某些开发商的认知，超过其想象的最大空间很多。

具体来看，民生银行是所有银行中对房价下跌容忍度最高的银行，民生银行行长洪崎对本报记者表示，房价下跌 40% 也不会对该行造成任何影响，这主要是因为："民生银行涉房贷款都是以两年前存量贷款居多，最近两年房贷有所收缩，房地产企业和个人按揭贷款都是民生银行的优质客户，房价的下跌对民生银行资产质量不会造成负面影响。"

对于此种说法，《华夏时报》记者亦曾表示怀疑。于是，翻阅了民生银行历年年报，（对老任们来说）不幸的是，洪崎的说法毫不夸张。2009 年底，民生银行房地产业贷款（广义的开发商贷款）余额为 1037.13 亿元，占全部贷款的 11.75%；2008 年底，该行房地产业贷款余额 901.58 亿元，占 13.69%；2007 年底，房地产业贷款余额 719.03 亿元，占 13%。民生银行房地产贷款占比在减少，净增额度也在减少，房价飞涨的 2009 年，该行房地产新增贷款只增长了 135.55 亿元。如果房价大幅下跌，开发商受到沉重打击，这部分资金或会受到影响，但这只占房地产贷款的 13%，占总贷款的 1.54%。而民生银行的拨备覆盖率为 206.04%，不良贷款率（五级分类法）仅为 0.84%。

从上述数据来看，即便开发商全死，对民生银行影响也不是很大。

2009 年底，民生银行个人住房抵押贷款余额为 996.19 亿元，占 11.2%；2008 年底余额为 874.01 亿元，占 13.3%。个人放贷比例亦呈下降态势。

民生银行是特例吗？

不是。

大中型银行大多如此。

交行副行长钱文挥表示，该行房贷业务余额在整个业务中的占比相对合理，

目前交行房贷业务质量较好，个人房贷不良率仅 0.37%。近期进行的内部压力测试显示，假如房价在此次调控中下跌 30%，交行对公开发房贷不良率将上升 0.8 个百分点，个人按揭不良率将上升 0.9 个百分点。房地产调控对该行的房贷质量不会构成重要影响，有能力消化相关风险。其他大型商业银行与交行类似。

由于中国农业银行尚未上市，其房贷情况不明。但是，其一位高管表示，农行对房价下跌的容忍度是 20%。年初，农行所做的压力测试结果显示，当房价跌幅超过 20% 时，每多跌一个百分点，该行的不良贷款就会增加一个百分点。

这是所有压力测试中最为保守的数据，不过，农行早在去年和今年初就多次提醒房地产信贷风险，并要求谨慎放贷，并大幅度计提了拨备。由于所做的压力测试是年初，现实的情况比上次更乐观。

银监会要求以在建工程抵押，取消土地抵押

4 月 20 日，银监会召开 2010 年第二次经济金融形势分析通报（电视电话）会议，银监会主席刘明康着重讲到涉房贷款。据银监局人士向本报透露，在本次会议上除国内外经济金融形势外，关于监管方面，刘明康用了大约一半的篇幅讲到涉房贷款监管。

刘明康说："当前房地产贷款余额占各项贷款的比重已达 20% 左右（整个银行业），少数股份制银行已突破 30%。"如加上以房地产抵押的其他贷款，与房地产相关的贷款已接近信贷总量的一半。

刘明康要求对土地储备、房地产开发贷款、个人住房贷款执行从严的信贷政策。对于土地储备贷款，要调整授信额度，"应大幅压低抵押率"，跟踪贷款去向，防止挪用。

关于开发商贷款，本报独家获悉，对于存在土地闲置一年以上的贷款开发商，银行一律不得发放新的开发项目贷款，对于土地闲置两年以上和有炒地行为的，银行对已发放的贷款应当调减并采取保全，并上全行"黑名单"，提高抵押品标准，一律要求以在建工程为抵押，不宜用土地为抵押品发放开发贷款。另外，银监会要求加强对开发商资本充足率和自有资金的审查。

关于个人住房贷款，银监会要求抑制炒房和投机性购房，对于房价过高、上

涨过快的地区，停发购买第三套及以上住房贷款；对不能提供 1 年以上当地纳税证明或者社会保险缴纳证明的非本地居民，暂停发放个人住房贷款。

同时要求大中型银行按季开展房地产贷款压力测试，并及时将有关压力测试结果和风险防控进展上报银监会及其当地分局。

市场人士预期房价跌 20%，银行股陪葬地产系误杀

上述商业银行房贷部门人士表示，银行对二套房已经实施首付 50%，假如房价下跌一半，银行把房子收回来，本金不会受损，银监会一位中层领导私下表示："个人认为，房价会下降 12% 到 20% 之间。如果下跌幅度过大，各级政府会出台新的刺激政策。"

一位知情人士表示，某参与决策的研究室主任座谈时表示，决策层"允许房地产高位横盘整理，并允许小幅下跌，但绝不能忍受再大幅上涨，一旦出现这种情况，税收政策就会出台"。目前，房地产处于政策观望期。

上述说法得到了郭田勇的认同，他觉得银监会和那位主任的说法"很靠谱"。郭田勇是中央财经大学银行业研究中心主任、证券期货研究所副所长，长期观察研究房地产与银行关系。

郭田勇认为，短期来看，一线城市房价会下跌，长期就不好说了。但是，房价不至于崩盘。

在他看来，银行股比地产股更有优势，鉴于上述原因，银行更具成长性，特别是银行并不是只有涉房贷款，银行的贷款涉及各个领域，除非中国经济出现问题，银行才会出现问题，而中国经济相对健康，发展势头趋于正常，地产股则要看后续政策。

比如，涉房贷款占比最多的兴业银行，房贷占比逐年下降，截至去年底，涉房贷款只占总贷款的 30.64%，与其他上市银行相当接近，只比招商银行高出 2.6 个百分点。而招行行长马蔚华表示，房贷新政对该行影响"不是很大"。"我们也做过很多压力测试，不认为会对我们零售的信贷产生比较大的影响。"

（作者注：这是中国媒体中第一次报道银行能承受房价下跌幅度的报道，后经多家财经媒体跟踪报道，基本形成了共识。）